Nasdaq 100 und S&P 500 haben seit dem 1. Januar respektiv 8,5 und 7,5% zugelegt. **Der Wert meines Depots stieg in selben Zeit um 14%, das heißt ich habe die außergewöhnlich gute Steigerungswerte diese beide Indizes respektiv um 65 und 87% übertroffen.** Die 80 Aktien, die in diesem Buch vorgestellt werden, haben **durchschnittlich 45% im den letzten 12 Monate zugelegt.** Im Angesicht einer erwartbaren Entwicklung der Aktienmärkte -insbesondere des Nasdaq und des S&P, von 30 bis 35% in diesem Jahr, sollten Sie mit einem **Vermögenszuwachs von 40 bis 45 % rechnen können,** wenn Sie intelligent in den Unternehmen investieren, die die hier zusammengefasste Aktienauslese bilden.

Aber nicht nur das: Die Aktien auf dieser Liste weisen ein **durchschnittliches jährliches Wachstum von 25 % über die letzten 10 Jahre auf.** Konkret bedeutet dies, dass **in 15 Jahren aus 10.000, € 285.000 € oder aus 20.000, € 570.000 €** auf dem Konto werden können.

Wenn Sie ein solider Börsenexperte werden wollen, finden Sie auf dem Markt Tausende von Börsenhandbüchern. Ich bin jedoch überzeugt, dass man kein Finanzexperte sein muss, um erfolgreich an der Börse zu investieren. Wichtig ist vor allem, dass Sie sich eine Liste mit soliden Unternehmen zusammenstellen, die Sie regelmäßig beobachten sollten, damit Sie darauf vorbereitet sind, zum richtigen Zeitpunkt in dem/die richtigen zu investieren.

Zuletzt noch einen Hinweis: 120 weitere auch hervorragende Unternehmensaktien finden Sie in meinen weiteren Büchern, die ebenfalls bei **Amazon©** gekauft werden können.

1. ACCENTURE PLC.

WKN: A0YAQA ISIN: IE00B4BNMY34

Grand Canal Square, Grand Canal Harbour 1 Dublin 2, Irland

Internet http://www.accenture.com

Unternehmen

ACCENTURE PLC ist ein globales Beratungsunternehmen. Die Gruppe bietet Managementberatung, Technologie und Outsourcing-Dienstleistungen für Unternehmen und Regierungen weltweit. Ihre Expertise erstreckt sich über alle Branchen und Managementbereiche. Das Beratungsportfolio gliedert sich in die Branchensegmente "Communications, Media & Technology", "Financial Services", "Health & Public Service", "Products" und "Resources".

ACCENTURE hat in den letzten **zehn Jahren** im Durchschnitt **23% p.a.** zugelegt, und 34% in den letzten 12 Monate.

ACCENTURE PLC AKTIE CHART (2013 – 2022) IN EURO

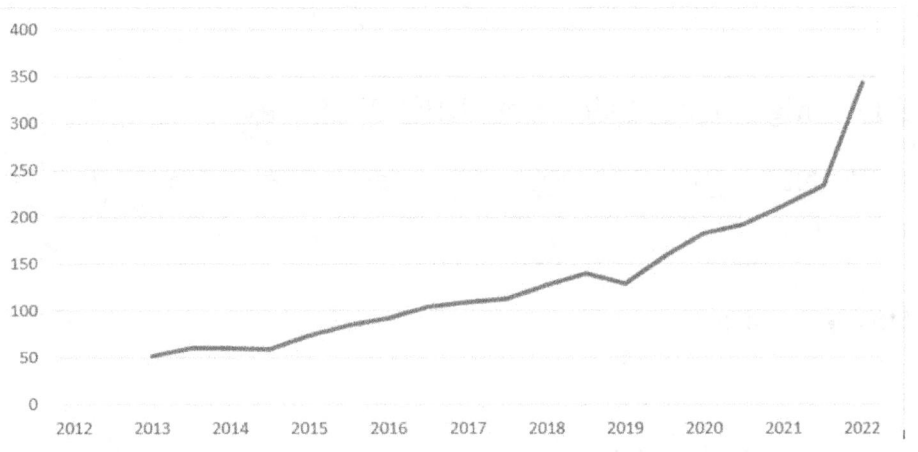

2. ACUSHNET HOLDINGS CORP

WKN: A2ATTR **ISIN:** US0050981085

333 Bridge Street Fairhaven, MA 02719, **USA**

INTERNET https://www.acushnetholdingscorp.com

Unternehmen

ACUSHNET HOLDINGS CORP ist die Dachgesellschaft, unter der die Golfmarken Titleist, FootJoy, Kjus und Pinnacle zusammengefasst sind. Sie ist eine Tochtergesellschaft von Fila.

In den letzten zehn Jahren hat ACUSHNET HOLDINGS im Durchschnitt **19 % pro Jahr** zugelegt, und 38% in den letzten 12 Monate.

AKTIENCHART DER ACUSHNET HOLDINGS CORP (2018 - 2023) IN US- DOLLAR

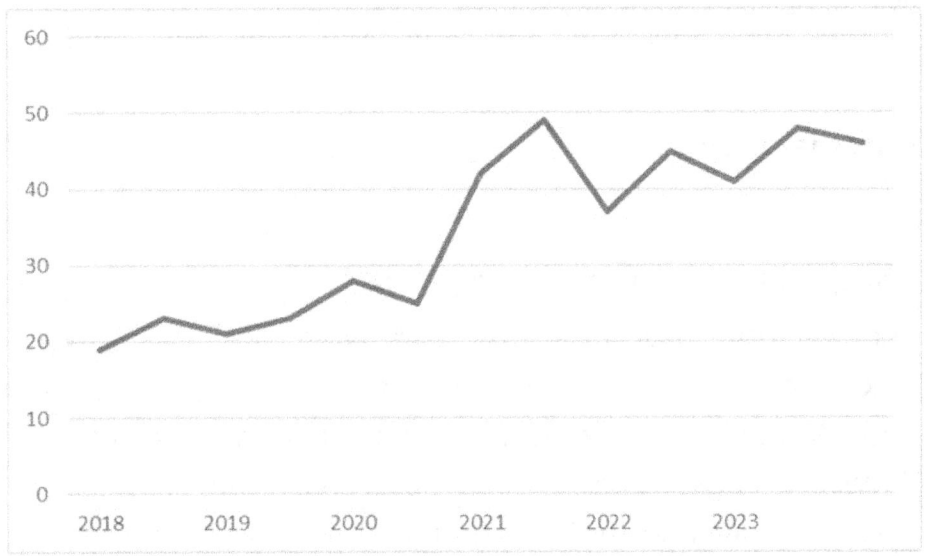

3. ADVANCED DRAINAGE SYSTEMS INC.

WKN: -- ISIN: US00790R1041

4640 Trueman Blvd, Hilliard, OH 43026, **USA**

INTERNET   HTTP://WWW.ADSPIPE.COM

Unternehmen

ADVANCED DRAINAGE SYSTEMS INC. entwirft, produziert und vertreibt Rohre aus Polypropylen und Polyethylen, Sickerschächte und -systeme aus Kunststoff, Klärgruben und Zubehör, Regenrückhaltebecken und Klärschächte, Entwässerungsstrukturen aus Polyvinylchlorid, Armaturen sowie Wasserfilter und -abscheider.

In den letzten zehn Jahren hat ADVANCED DRAINAGE SYSTEMS im Durchschnitt **25% pro Jahr** zugelegt, und 84% in den letzten 12 Monate.

AKTIENCHART DER ADVANCED DRAINAGE SYSTEMS INC. (2012- 2022) IN US-DOLLAR

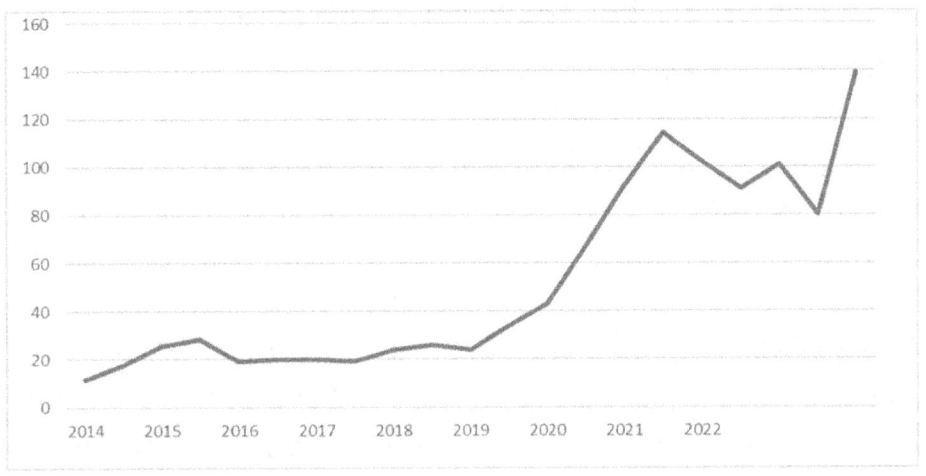

4. ADVANCED MICRO DEVICES INC.

WKN: 863186 ISIN: US0079031078

Augustine Drive 2485 95054 Santa Clara, CA, **USA**

Internet   http://www.amd.com

Unternehmen

ADVANCED MICRO DEVICES INC. (AMD) unterstützt führende Computer-, Mobilfunk- und Unterhaltungselektronikunternehmen dabei, ihren Kunden leistungsstarke und energieeffiziente Lösungen anzubieten. Das Unternehmen stellt Prozessoren, Grafikkarten und komplette Chipsätze für Computer, Spielkonsolen und Telekommunikationsgeräte her. Der Chiphersteller hält mehr als 4500 Patente.

In den letzten zehn Jahren hat ADVANCED MICRO DEVICES durchschnittlich **42% p.a.** zugelegt, und 108% in den letzten 12 Monate.

ADVANCED MICRO DEVICES INC. Aktie Chart (2012 – 2022) in Euro

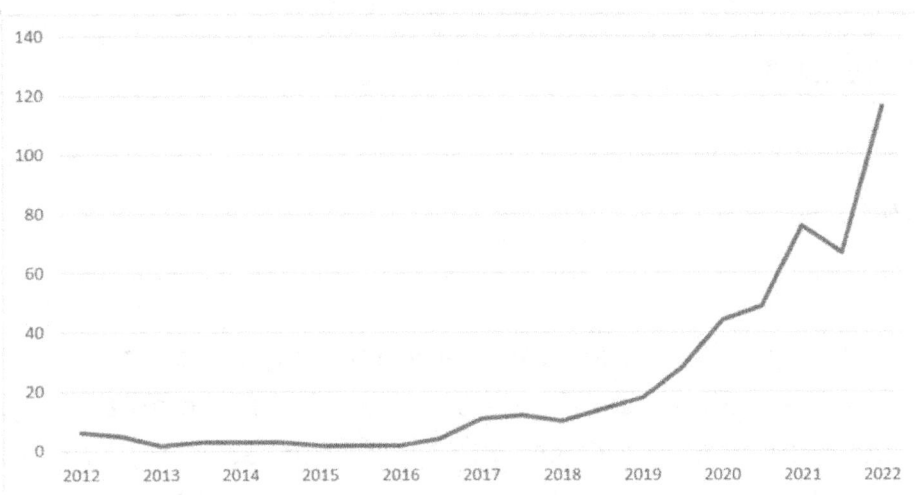

5. AIR LIQUIDE SA

WKN: 850133 **ISIN**: FR0000120073

Quai d'Orsay 75 75321 Paris, **FRANKREICH**

INTERNET https://www.airliquide.com

Unternehmen

AIR LIQUIDE SA ist ein international tätiger Hersteller von Industriegasen und Flüssiggasen für medizinische Anwendungen. Die Gase, wie Sauerstoff, Stickstoff, Argon und Wasserstoff, werden in der Öl- und Stahlverarbeitung, in der Papier- und Glasproduktion sowie im Gesundheitswesen oder in der Halbleiter- und Photovoltaikindustrie eingesetzt. Der Konzern ist in drei Unternehmensbereiche unterteilt: Gas & Services, Engineering & Construction und Global Markets & Technologies. AIR LIQUIDE SA hat seine Geschäftsaktivitäten auf mehr als 80 Länder ausgeweitet.

In den letzten zehn Jahren hat AIR LIQUIDE im Durchschnitt **9 % pro Jahr** zugelegt, und 29% in den letzten 12 Monate.

AKTIENCHART DER AIR LIQUIDE SA (2013 - 2023) IN EURO

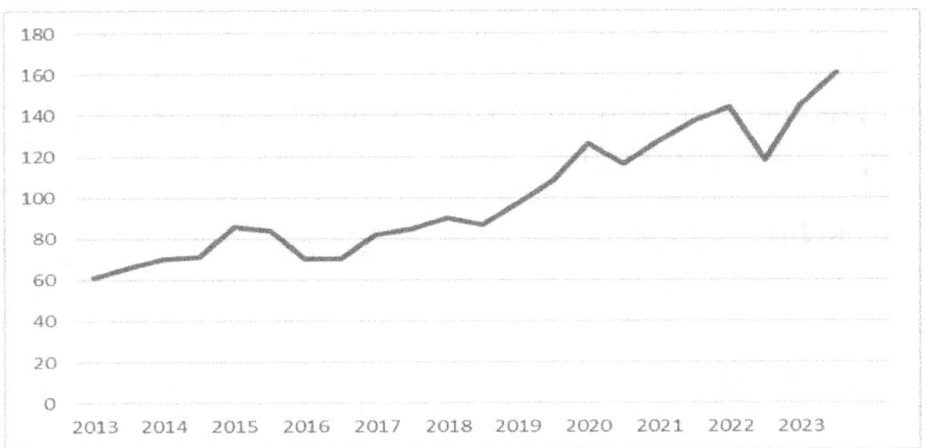

6. AIRBUS GROUP

WKN: 938914 **ISIN:** NL0000235190

B80 Building, 2, rond-point Dewoitine, BP 90112 31703 Blagnac, **FRANKREICH**

INTERNET https://www.airbus.com

Unternehmen

Die AIRBUS GROUP ist einer der beiden weltweit größten Hersteller von Verkehrsflugzeugen, zivilen Hubschraubern, kommerziellen Trägerraketen und Lenkflugkörpern sowie das größte Luft- und Raumfahrtunternehmen in Europa. Das Unternehmen nimmt auch eine führende Position bei Militärflugzeugen, Satelliten und Verteidigungselektronik ein. Die AIRBUS GROUP, zu der der zivile Flugzeughersteller Airbus, der Hubschrauberhersteller Eurocopter und das Raumfahrtunternehmen Astrium gehören, ist weltweit an mehr als 170 Standorten tätig und weitet ihre Aktivitäten zunehmend außerhalb Europas aus.

In den letzten zehn Jahren hat AIRBUS im Durchschnitt **10 % pro Jahr** zugelegt, und 22% in den letzten 12 Monate.

AKTIENCHART AIRBUS GROUP (2013- 2023) IN EURO

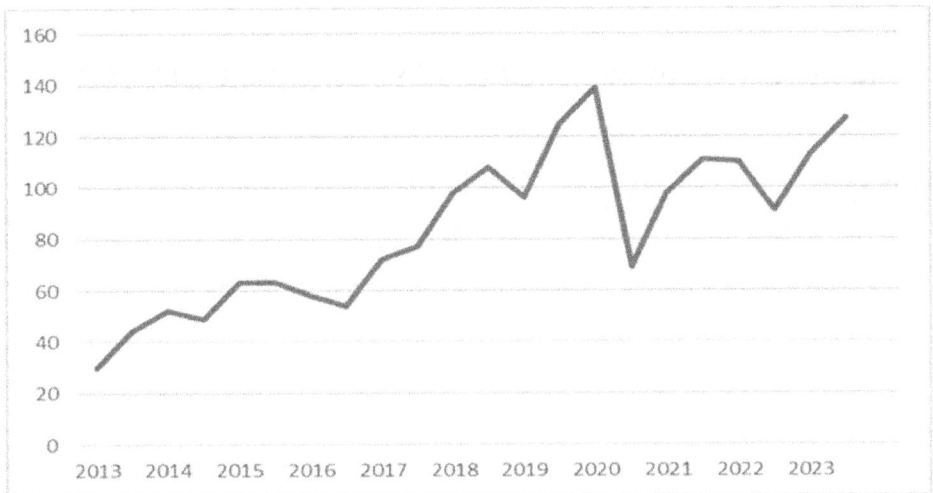

7. ALPHABET INC.

WKN: A14Y6H ISIN: US02079K1079

Amphitheatre Parkway 1600 94043 Mountain View, CA, **USA**

Internet   http://www.abc.xyz

Unternehmen

ALPHABET INC. (früher Google Inc.) ist ein Internetdienstleister, der als reine Suchmaschine begann. Heute steht ALPHABET INC. für eine Reihe weiterer Dienste. Zu den bekannten Anwendungen von ALPHABET gehören Google, Google Maps, Google Earth, YouTube oder Android. Im Oktober 2015 wurde ALPHABET INC. aufgelöst, um die einzelnen Unternehmensteile, wie das Webgeschäft (weiterhin unter dem Namen Google) oder die Entwicklung selbstfahrender Autos, als einzelne Tochtergesellschaften unabhängiger agieren zu lassen.

In den vergangenen zehn Jahren hat ALPHABET (GOOGLE) im Mittel **26% p.a.** gewonnen, und 51% in den letzten 12 Monate.

ALPHABET INC. (vorher GOOGLE INC.) Aktie Chart (2012 – 2022) in Euro

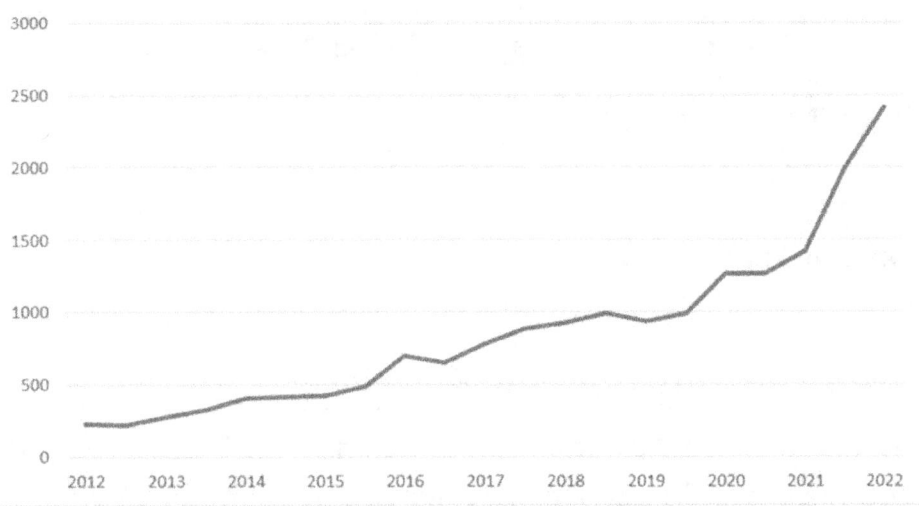

8. ALTAIR ENGINEERING INC.

WKN: A2DYPC **ISIN:** US0213691035

1820 E. Big Beaver Rd. Troy, MI 48083, **USA**

INTERNET https://altair.com

Unternehmen

ALTAIR ENGINEERING INC. bietet Lösungen mit offener Architektur für Datenanalyse und künstliche Intelligenz (KI), computergestütztes Engineering und High-Performance-Computing (HPC), die die Entwicklung und Optimierung von leistungsstarken, innovativen und nachhaltigen Produkten und Prozessen ermöglichen.

In den letzten zehn Jahren hat ALTAIR ENGINEERING im Durchschnitt **27 % pro Jahr** zugelegt, und 31% in den letzten 12 Monate.

AKTIENCHART DER ALTAIR ENGINEERING INC. (2017 - 2023) IN EURO

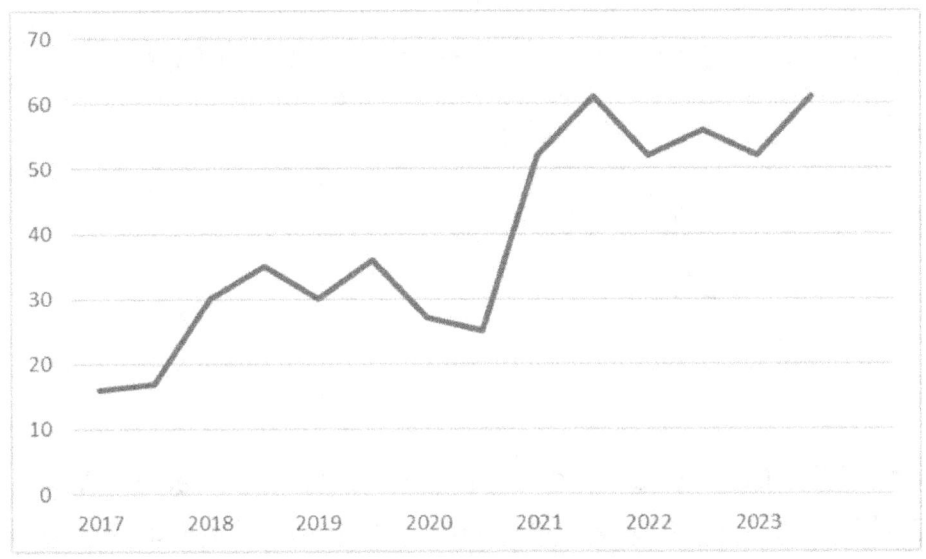

9. AMAZON.COM INC.

WKN: 906866 ISIN: US0231351067

Terry Avenue North 410 98109-5210 Seattle, WA, **USA**

Internet http://www.amazon.com

Unternehmen

AMAZON.COM INC. ist der größte Online-Händler der Welt. AMAZON.COM INC. wendet sich mit seinen Produkten und Dienstleistungen sowohl an Endkunden als auch an Verkäufer, Unternehmen und Content-Ersteller.

In den vergangenen zehn Jahren hat AMAZON.COM im Mittel **33% p.a.** gewonnen, und 74% in den letzten 12 Monate.

AMAZON.COM INC. Aktie Chart (2012 – 2022) in Euro

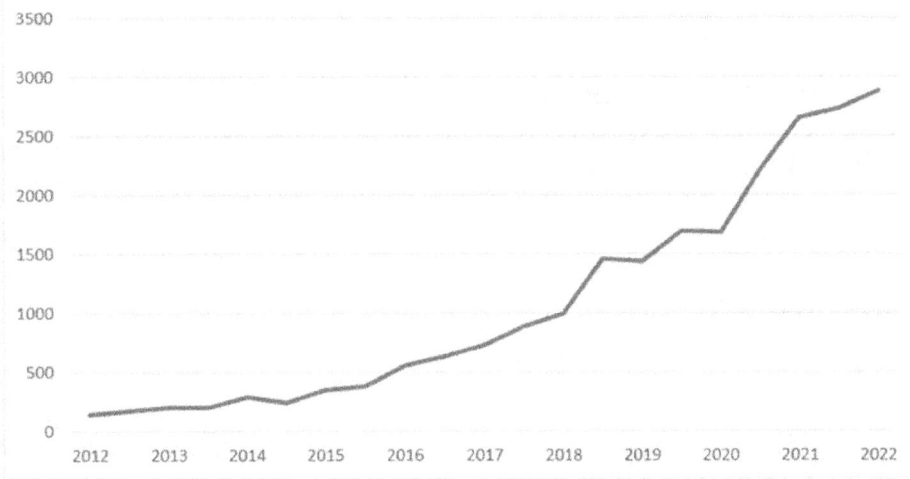

10. AMERIPRISE FINANCIAL INC.

WKN: A0F55S **ISIN**: US03076C1062

753 Ameriprise Financial Ctr, Minneapolis, MN 55474, **USA**

INTERNET https://ir.ameriprise.com

Unternehmen

AMERIPRISE FINANCIAL INC. bietet Produkte und Dienstleistungen in den Bereichen Finanzplanung, Liquidität, Vermögensaufbau, Einkommen, Schutz sowie Nachlass- und Vermögensübertragung an. In den USA vertreibt AMERIPRISE FINANCIAL INC. seine Produkte und Lösungen über drei Hauptmarken: Ameriprise Financial, Columbia Management und RiverSource. Auf dem internationalen Markt werden die Vermögensverwaltungslösungen über die Marke Threadneedle vertrieben.

In den letzten zehn Jahren hat AMERIPRISE FINANCIAL im Durchschnitt **15 % pro Jahr** zugelegt, und 17% in den letzten 12 Monate.

AKTIENCHART DER AMERIPRISE FINANCIAL INC. (2016 - 2023) IN EURO

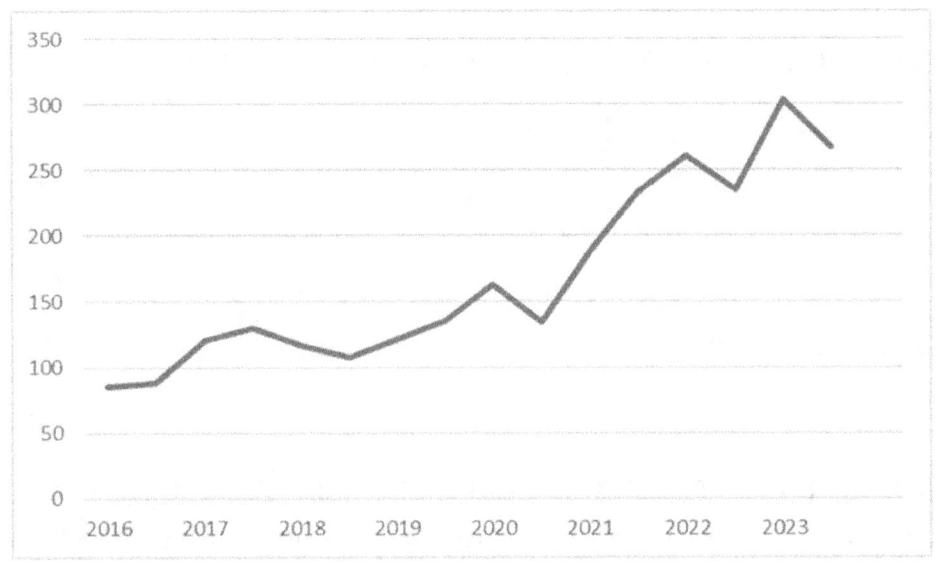

11. AMETEK INC.

WKN: 908668 ISIN: US0311001004

Cassatt Road 1100 19312-1177 Berwyn, PA, **USA**

Internet http://www.ametek.com

Unternehmen

AMETEK INC. ist ein amerikanischer Weltmarktführer in der Herstellung von Elektromotoren und elektronischen Instrumenten. Die Produkte von AMETEK INC. werden beispielsweise in Gebläsen, Pumpen, nuklearen Instrumenten, Mikroanalysesystemen für Raster- und Transmissionselektronenmikroskope, Mikro-RFA-Tischgeräten für die zerstörungsfreie Elementaranalyse, Hochgeschwindigkeitskameras und stationären Infrarot-Thermometersystemen eingesetzt. Die Gruppe hat Niederlassungen in Nordamerika, Europa, Asien und Südamerika.

In den letzten zehn Jahren hat AMETEK im Durchschnitt **18% p.a.** zugelegt, und 20% in den letzten 12 Monate.

AMETEK INC. Aktie Chart (2012 – 2022) in Euro

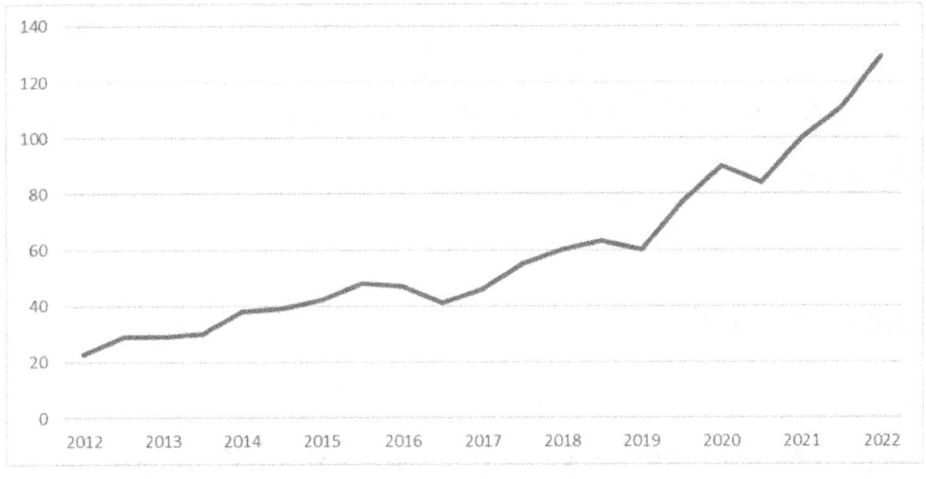

12. AMPHENOL CORP.

WKN: 882749 ISIN: US0320951017

Hall Avenue 358 06492 Wallingford, CT, **USA**

Internet http://www.amphenol.com

Unternehmen

AMPHENOL CORP. ist einer der weltweit größten Hersteller von Steckverbindern. Das Unternehmen entwickelt, fertigt und vertreibt elektrische, elektronische und faseroptische Steckverbinder, Verbindungssysteme, Antennen, Sensoren und sensorgestützte Produkte sowie Koaxial- und Hochgeschwindigkeits-Spezialkabel. Das Unternehmen verfügt über eine breit gefächerte Präsenz in wachstumsstarken Märkten wie der Automobilindustrie, der Breitbandkommunikation, der kommerziellen Luft- und Raumfahrt, der Industrie, der Informationstechnologie und Datenkommunikation, dem Militär, mobilen Geräten und Mobilfunknetzen.

In den vergangenen zehn Jahren hat AMPHENOL im Mittel **19% p.a.** gewonnen, und 28% in den letzten 12 Monate.

AMPHENOL CORP. Aktie Chart (2012 – 2022) in Euro

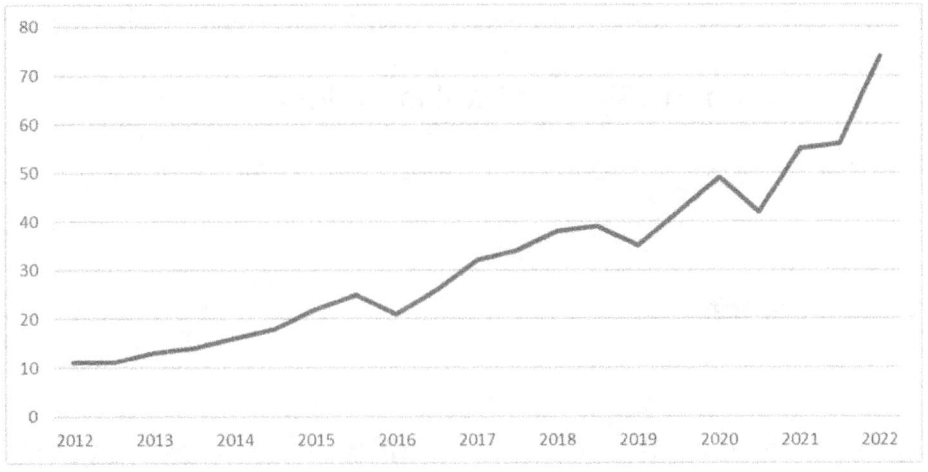

13. AMPLIFON SPA

WKN: A0JMJX ISIN: IT0004056880

Via G. Ripamonti 133 20141 Milan, **Italien**

Internet http://corporate.amplifon.com/

Unternehmen

AMPLIFON SPA ist auf den Verkauf und die Anpassung von Hörlösungen sowie auf die Anpassung von personalisierten Produkten spezialisiert. Das Unternehmen ist weltweit in 29 Ländern mit rund 11.000 Verkaufsstellen tätig. Das Geschäft ist in drei spezifische geografische Bereiche unterteilt, die die operativen Segmente der Gruppe bilden: Europa, Naher Osten und Afrika, Amerika und Asien-Pazifik.

In den vergangenen zehn Jahren hat AMPLIFON SPA im Mittel **30% p.a.** gewonnen, und 16% in den letzten 12 Monate.

AMPLIFON SPA Aktie Chart (2012 – 2022) in Euro

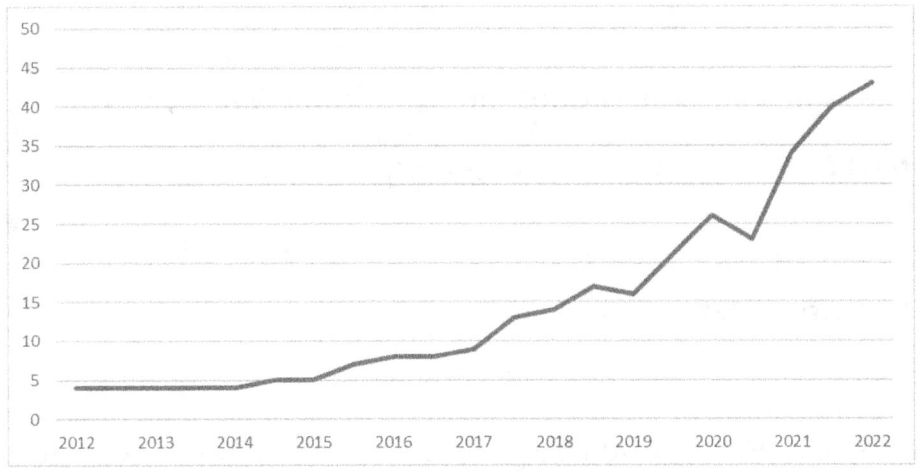

14. APPLE INC.

WKN: 865985 **ISIN:** US0378331005

One Apple Park Way Cupertino, California 95014, **USA**

INTERNET   https://www.apple.com/

Unternehmen

APPLE INC. entwickelt, produziert und verkauft Smartphones, PCs, Tablets, Wearables und Zubehör sowie eine Vielzahl von Cloud-Diensten. APPLE INC. vertreibt auch die dazugehörige Software, Peripheriegeräte, Netzwerkprodukte sowie digitale Inhalte und Apps.

In den letzten zehn Jahren hat APPLE im Durchschnitt **28 % pro Jahr** zugelegt, und 23% in den letzten 12 Monate.

AKTIENCHART DER APPLE INC. (2013 - 2023) IN EURO

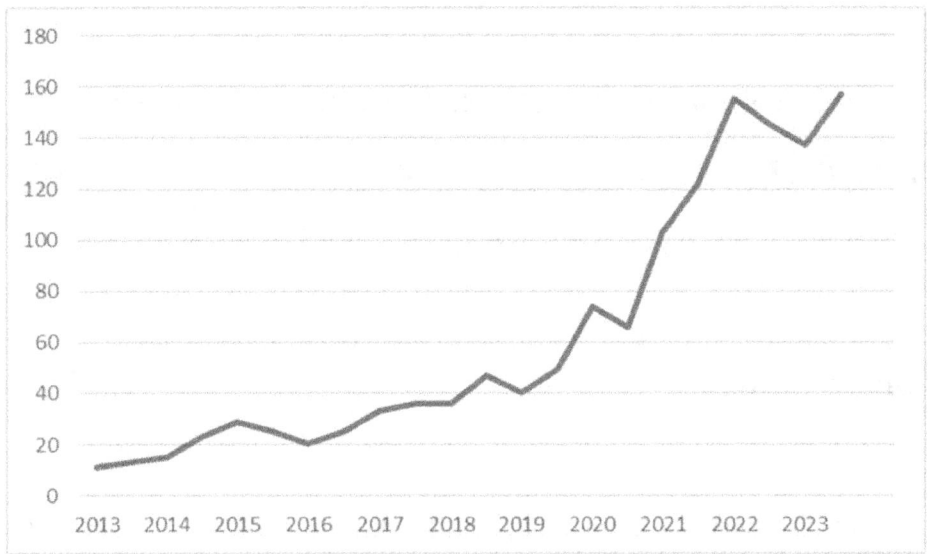

15. APPLIED MATERIALS INC.

WKN: 865177 **ISIN:** US0382221051

Bowers Avenue 3050 95052-8039 Santa Clara, CA, **USA**

INTERNET   https://ir.appliedmaterials.com/

Unternehmen

APPLIED MATERIALS INC. ist ein weltweit führender Lieferant für die Halbleiter-, Flachbildschirm- und Solarindustrie. Die Lösungen des Unternehmens werden bei der Herstellung von Produkten wie Smartphones, Flachbildschirmen und Solarpanels eingesetzt. Die Produkt- und Dienstleistungspalette von APPLIED MATERIALS INC. umfasst auch schlüsselfertige Fabriken für die Herstellung von Solarzellen.

In den letzten zehn Jahren hat APPLIED MATERIALS im Durchschnitt **24 % pro Jahr** zugelegt, und **74%** in den letzten 12 Monate.

AKTIENCHART DER APPLIED MATERIALS INC. (2013 - 2023) IN EURO

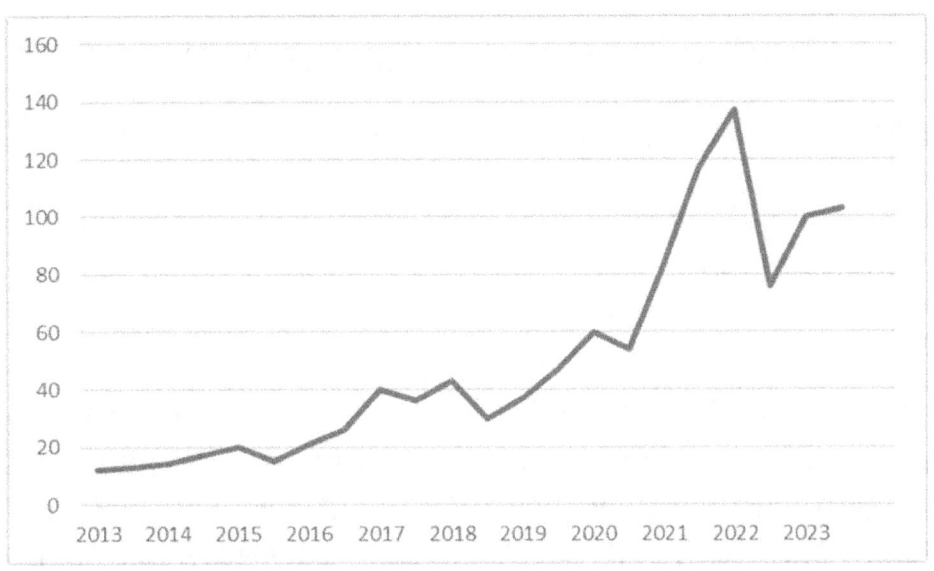

16. ASML HOLDING NV

WKN: A1J4U4 **ISIN:** NL0010273215

De Run 6501 5504 DR Veldhoven, **NIEDERLANDE**

INTERNET https://www.asml.com

Unternehmen

ASML HOLDING NV ist in der Herstellung von optischen Lithografiesystemen für die Halbleiterindustrie tätig. Das Unternehmen stellt komplexe Maschinen für die Produktion von Chips und integrierten Schaltkreisen (IC) her. Die Gruppe ist in den Bereichen Design, Entwicklung, Produktion und Marketing tätig und bietet ergänzende Dienstleistungen an. Weltweit ist die ASML HOLDING NV an über 60 Standorten in 16 Ländern tätig.

In den letzten zehn Jahren hat ASML HOLDING im Durchschnitt **25 % pro Jahr** zugelegt, und 49% in den letzten 12 Monate.

AKTIENCHART DER ASML HOLDING NV (2013 - 2023) IN EURO

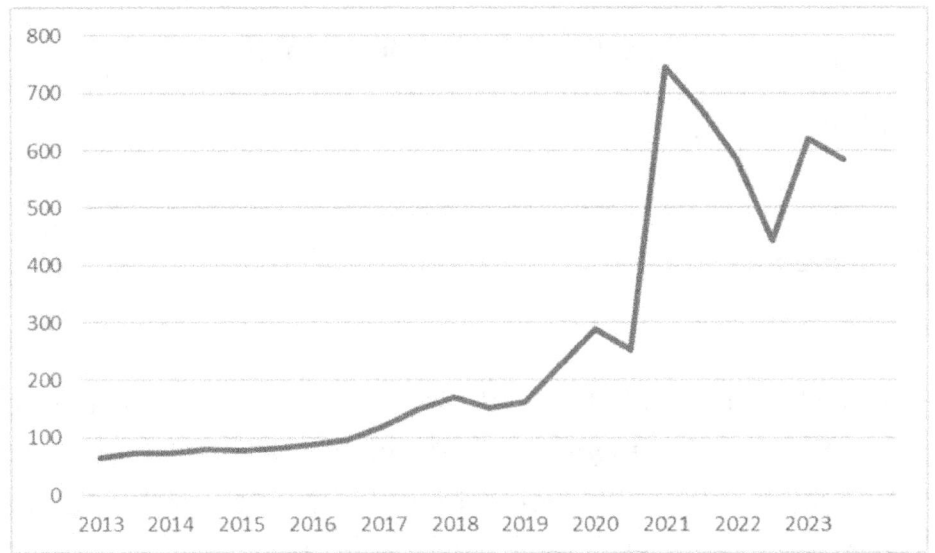

17. ATOSS SOFTWARE AG

WKN: 510440 ISIN: DE0005104400

Am Moosfeld 3 81829 München, **Deutschland**

Internet   http://www.atoss.com

Unternehmen

Die ATOSS SOFTWARE AG ist einer der führenden Anbieter von Softwarelösungen im Bereich des strategischen Personaleinsatzes in Deutschland. Das Lösungsportfolio umfasst die Bereiche Arbeitszeitmanagement, Staff Efficiency Management, Personaleinsatzplanung, Geschäftsprozessmanagement, Speziallösungen für den Mittelstand sowie kundenorientierte Beratung.

In den vergangenen zehn Jahren hat ATOSS SOFTWARE im Mittel **36 % p.a.** gewonnen, und 45% in den letzten 12 Monate.

ATOSS SOFTWARE AG Aktie Chart (2012 – 2022) in Euro

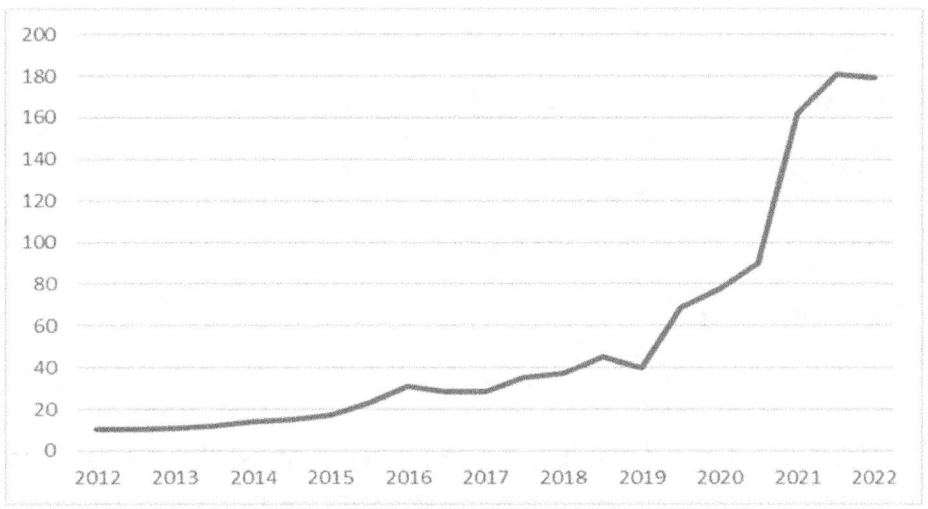

18. AUTODESK INC.

WKN: 869964 **ISIN:** US0527691069

McInnis Parkway 111 94903 San Rafael, CA, **USA**

INTERNET https://www.autodesk.com/

Unternehmen

AUTODESK INC. entwickelt und vertreibt Software in den Bereichen 3D-Design, Engineering und Entertainment Software. AUTODESK INC. entwickelt und vertreibt Software in den Bereichen 3D-Design, Engineering und Entertainment Software. Auch Content wird von AUTODESK INC. angeboten. Das Unternehmen ist in den Bereichen Ingenieurwesen, Architektur, Bauwesen, geografische Informationssysteme und Multimedia sowie Produktdesign und -entwicklung tätig. AutoCAD ist das Vorzeigeprodukt des Unternehmens.

In den letzten zehn Jahren hat AUTODESK im Durchschnitt **19 % pro Jahr** zugelegt, und 30% in den letzten 12 Monate.

AKTIENCHART DER AUTODESK INC. (2013 - 2023) IN EURO

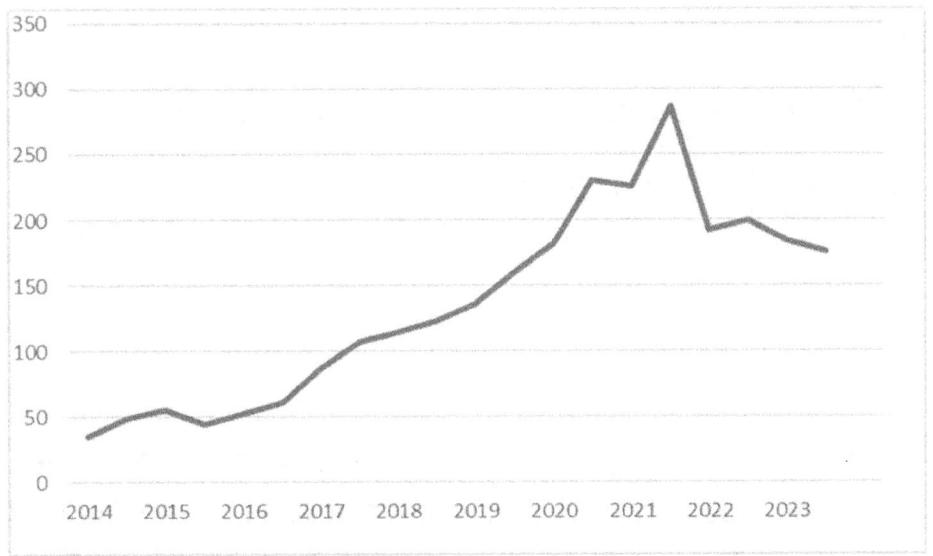

19. BADGER METER INC.

WKN: 863871 **ISIN:** US0565251081

4545 West Brown Deer Road; 53223-2413 Milwaukee, **USA**

INTERNET http://www.badgermeter.com

Unternehmen

BADGER METER INC. ist ein führender Entwickler und Hersteller von Durchflussmess-, Qualitäts-, Kontroll- und Kommunikationslösungen. Das Unternehmen bietet mechanische oder statische Wasserzähler und damit verbundene Funk- und Softwaretechnologien und Dienstleistungen sowie Wasserdurchflussmesser für Wasserkraftwerke und Kläranlagen an. Das Unternehmen vertreibt seine Produkte hauptsächlich in den USA.

In den letzten zehn Jahren hat BADGER METER im Durchschnitt **21% pro Jahr** zugelegt, und 31% in den letzten 12 Monate.

AKTIENCHART DER BADGER METER INC. (2013 - 2023) IN EURO

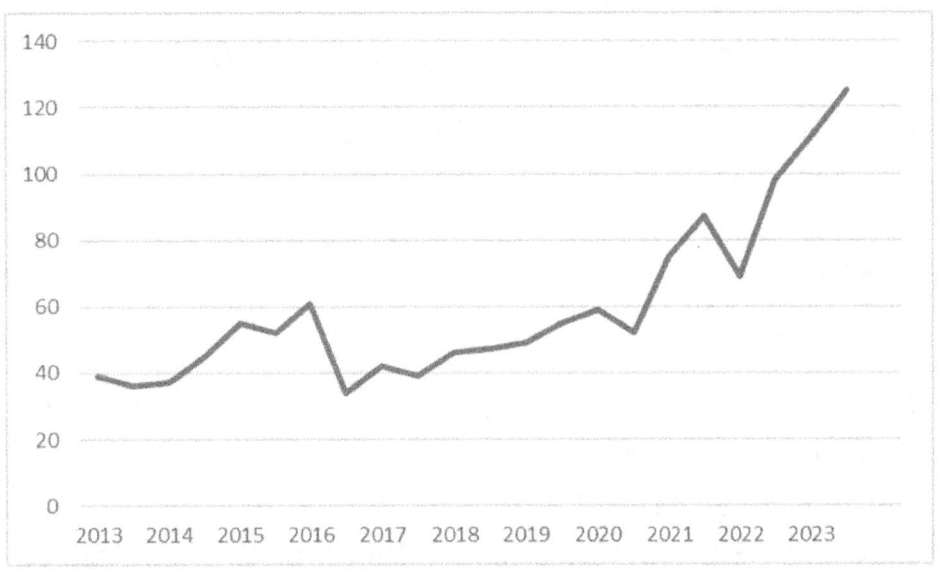

20. BECHTLE AG

WKN: 515870 **ISIN:** DE0005158703

Bechtle Platz 1 74172 Neckarsulm, **DEUTSCHLAND**

INTERNET https://www.bechtle.com

Unternehmen

Mit rund 80 Systemhausstandorten in Deutschland, Österreich und der Schweiz sowie 24 E-Commerce-Gesellschaften in 14 Ländern ist die BECHTLE AG Europas größtes IT-Systemhaus und der führende IT-E-Commerce-Anbieter in Europa. Das Unternehmen ist weltweit über IT-Allianzpartner auf allen Kontinenten vernetzt.

In den letzten zehn Jahren hat BECHTLE im Durchschnitt **19% pro Jahr** zugelegt, und 23% in den letzten 12 Monate.

AKTIENCHART DER BECHTLE AG(2013 - 2023) IN EURO

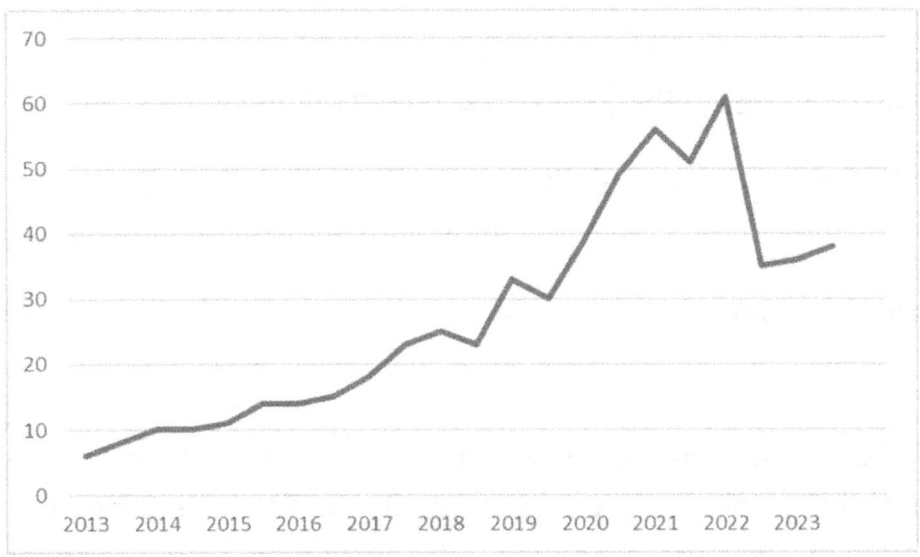

21. BERKSHIRE HATHAWAY INC.

WKN: A0YJQ2 ISIN: US0846707026

Farnam Street 3555, Suite 1440 68131 Omaha, NE, **USA**

Internet http://www.berkshirehathaway.com

Unternehmen

BERKSHIRE HATHAWAY INC. ist die Investment-Holdinggesellschaft von Warren E. Buffett. Sie investiert nur in vielversprechende Unternehmen mit geringer Verschuldung und einem klaren Geschäftsmodell. Das Anlageportfolio umfasst eine breite Palette von Versicherungsdienstleistungen (Sach-, Unfall-, Kranken- und Lebensversicherung). Das Versicherungs- und Rückversicherungsgeschäft bildet das Rückgrat von BERKSHIRE HATHAWAY INC., aber die Holding umfasst auch Unternehmen in anderen Branchen, wie Fruit of the Loom (Bekleidung), R.C. Wiley (Möbel) und See's Candies (Süßwaren). Darüber hinaus hält BERKSHIRE HATHAWAY INC. Beteiligungen an Unternehmen wie Coca-Cola, Gillette, der Washington Post und Munich Re.

In den vergangenen zehn Jahren hat BERKSHIRE HATHAWAY im Mittel **15 % p.a.** gewonnen, und 34% in den letzten 12 Monate.

BERKSHIRE HATHAWAY INC. Aktie Chart (2012 – 2022) in Euro

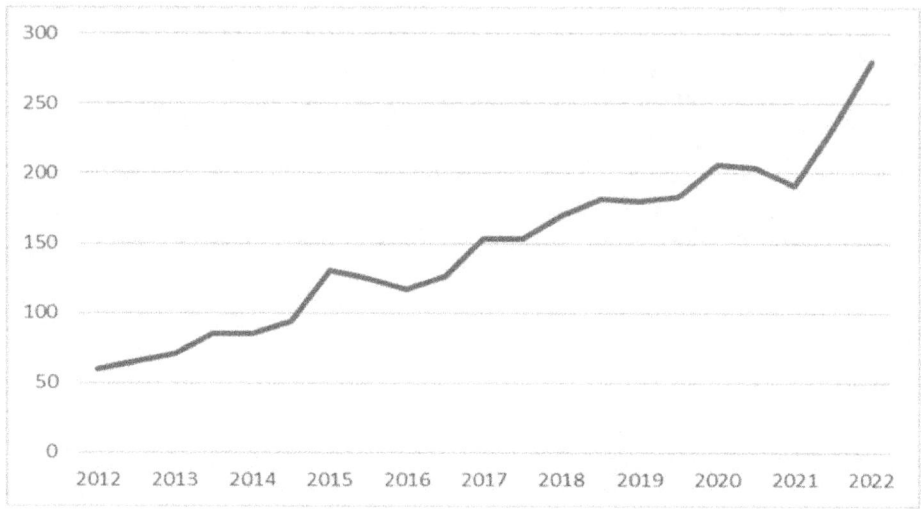

22. BOSTON SCIENTIFIC CORP.

WKN: 884113 **ISIN:** US1011371077

Boston Scientific Way 300 01752-1234, Marlborough, MA, **USA**

INTERNET https://www.bostonscientific.com

Unternehmen

BOSTON SCIENTIFIC CORP. entwickelt, produziert und vermarktet Produkte für eine Reihe von medizinischen Spezialbehandlungen, darunter Kardiologie, Elektrophysiologie, Gastroenterologie, neurovaskuläre Interventionen, Lungenheilkunde, Radiologie, Onkologie, Urologie und Gefäßmedizin.

In den letzten zehn Jahren hat BOSTON SCIENTIFIC im Durchschnitt **19% pro Jahr** zugelegt, und 40% in den letzten 12 Monate.

AKTIENCHART DER BOSTON SCIENTIFIC CORP. (2013 - 2023) IN EURO

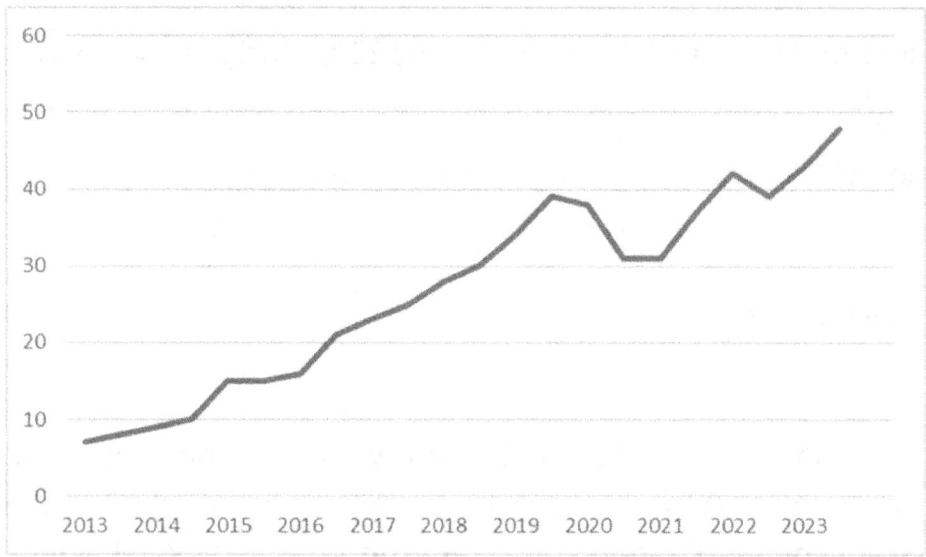

23. BROADCOM INC.

WKN: 11135F101 ISIN: US11135F1012

1320 Ridder Park Drive San Jose, Kalifornien 95131, **USA**

Internet http://www.broadcom.com

Unternehmen

BROADCOM INC. ist ein führender Hersteller von integrierten Schaltkreisen oder Netzwerkadaptern und Geräten für die Datenübertragung. Das Unternehmen produziert hochintegrierte Chips, die Breitbandkommunikation und die Übertragung von Audio, Video und Daten ermöglichen. BROADCOM INC. bietet komplette System-on-a-Chip-Lösungen an. Die Produktpalette umfasst Lösungen für digitale Kabel-, Satelliten- oder Internetprotokolle, Set-Top-Boxen, HDTV-Geräte, Smartphones, GPS sowie Kabel- oder DSL-Modems und Chips für die mobile Kommunikation.

In den vergangenen zehn Jahren hat BROADCOM im Mittel **37 % p.a.** gewonnen, und 105% in den letzten 12 Monate.

BROADCOM INC. Aktie Chart (2012 – 2022) in US-Dollar

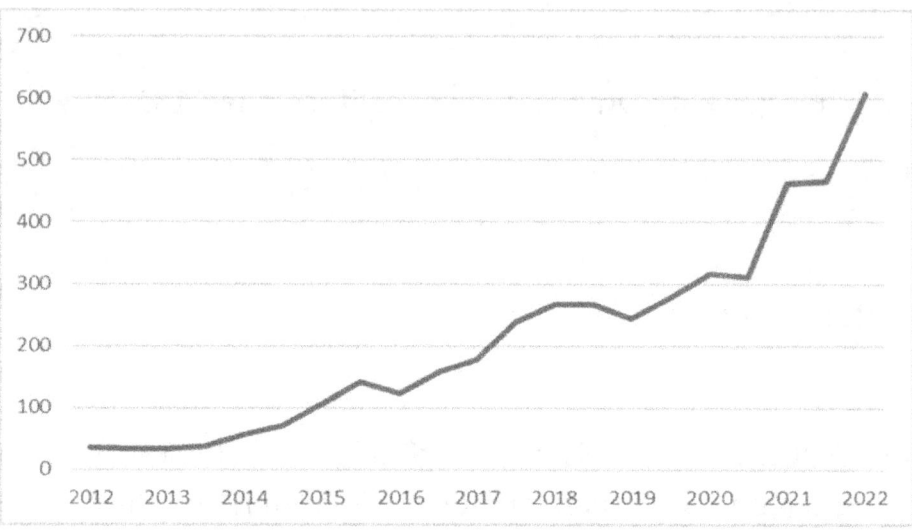

24. BROADRIDGE FINANCIAL SOLUTIONS INC.

WKN: A0MMP1 ISIN: US11133T1034

Dakota Drive 5, Suite 300 11042 Lake Success, New York,
USA

Internet http://www.broadridge.com

Unternehmen

BROADRIDGE FINANCIAL SOLUTIONS INC. ist ein weltweit führendes Finanztechnologieunternehmen, das Banken, Broker-Dealern, Vermögensverwaltern und Unternehmensemittenten Lösungen für die Kommunikation mit Anlegern und technologiegestützte Lösungen anbietet. Das Unternehmen ist in erster Linie als Dienstleister für Aktiengesellschaften tätig, die Jahresberichte und andere Finanzdokumente erstellen.

In den letzten zehn Jahren hat BROADRIDGE FINANCIAL SOLUTIONS durchschnittlich **25% p.a.** zugelegt, und 37% in den letzten 12 Monate.

BROADRIDGE FINANCIAL SOLUTIONS INC. Aktie Chart (2012 – 2022) in Euro

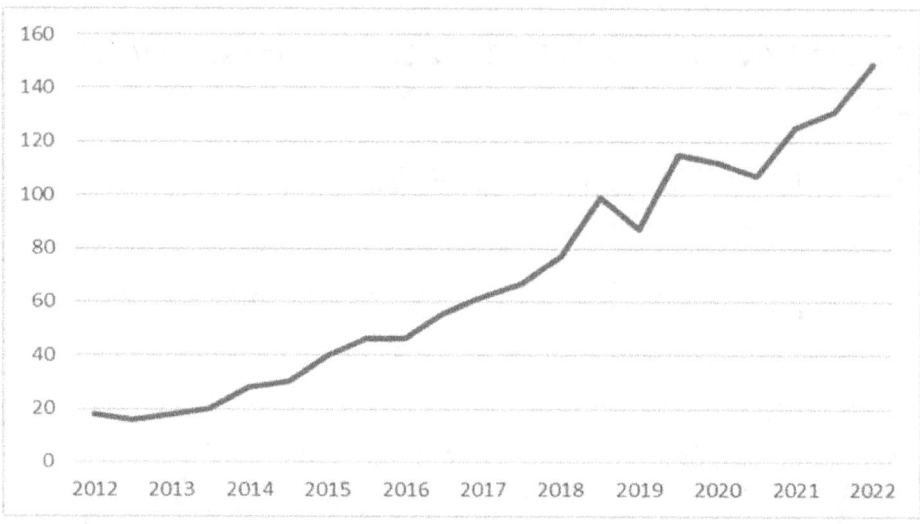

25. CADENCE DESIGN SYSTEMS INC.

WKN: 873567 ISIN: US1273871087

Seely Avenue 2655 95134 San Jose, Kalifornien, **USA**

Internet   http://www.cadence.com

Unternehmen

CADENCE DESIGN SYSTEMS INC. bietet Produkte, Beratungs- und Konstruktionsdienstleistungen für die Automatisierung und effiziente Verwaltung von Konstruktionsprozessen für Halbleiter, Computersysteme, Netzwerk- und Telekommunikationssysteme, Unterhaltungselektronik und eine Vielzahl anderer elektronischer Produkte an.

In den vergangenen zehn Jahren hat CADENCE DESIGN SYSTEMS im Mittel **31 % p.a.** gewonnen, und 47% in den letzten 12 Monate.

CADENCE DESIGN SYSTEMS INC. Aktie Chart (2017 – 2022) in Euro

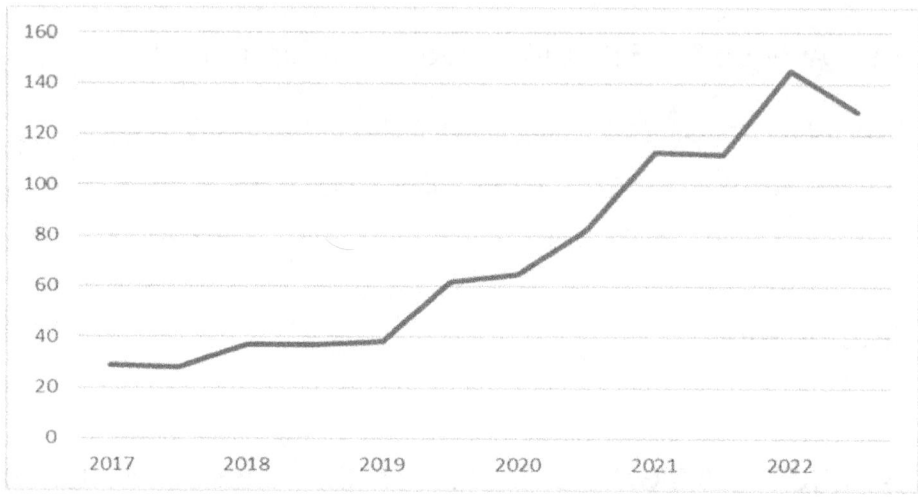

26. CAPGEMINI SE

WKN: 869858 ISIN: FR0000125338

Rue de Tilsitt 11 75017 Paris, **Frankreich**

Internet http://www.capgemini.com

Unternehmen

Die CAPGEMINI SE ist ein weltweit führendes Unternehmen für Management- und IT-Beratung, Technologie und Outsourcing. Mit dem Schwerpunkt auf der Beratung bei der Entwicklung und Umsetzung von Wachstumsstrategien und dem Einsatz neuer Technologien gliedern sich die Geschäftsaktivitäten in die Bereiche Consulting Services, Outsourcing Services, Technology Services und Local Professional Services (Sogeti). Der Bereich Consulting Services unterstützt Unternehmen mit Strategie- und Managementberatung bei der Optimierung ihrer Geschäftsprozesse und der Steigerung ihrer Leistungsfähigkeit.

In den vergangenen zehn Jahren hat CAPGEMINI im Mittel **19 % p.a.** gewonnen, und 20% in den letzten 12 Monate.

CAPGEMINI SE Aktie Chart (2012 – 2022) in Euro

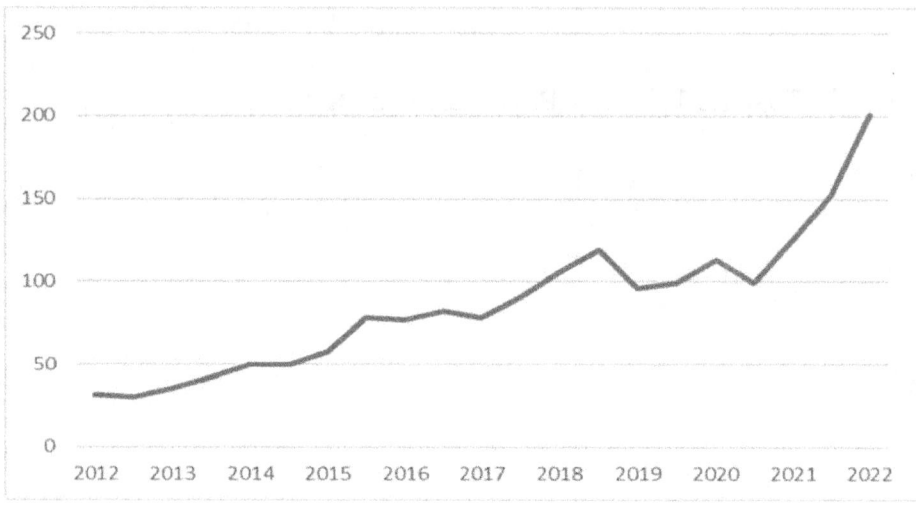

27. CASELLA WASTE SYSTEMS INC.

WKN: 910249 ISIN: US1474481041

25 Greens Hill Lane, Rutland, Vermont, **USA**

Internet   https://www.casella.com

Unternehmen

CASELLA WASTE SYSTEMS INC. ist ein regionales, vertikal integriertes Dienstleistungsunternehmen für feste Abfälle. CASELLA WASTE SYSTEMS INC. bietet Fachwissen und Dienstleistungen im Bereich Ressourcenmanagement für private, gewerbliche, kommunale und industrielle Kunden an, vor allem in den Bereichen Sammlung und Entsorgung fester Abfälle, Umschlag, Recycling und organische Dienstleistungen.

In den vergangenen zehn Jahren hat CASELLA WASTE SYSTEMS durchschnittlich **19 % p.a.** zugelegt, und 17% in den letzten 12 Monate.

CASELLA WASTE SYSTEMS INC. Aktie Chart (2018 – 2022) in Euro

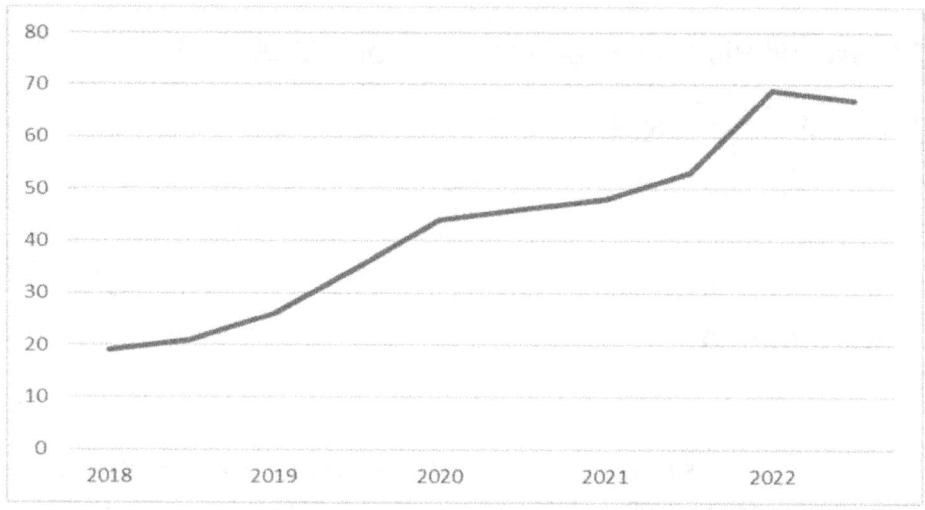

28. CDW CORP.

WKN: 12514G108 ISIN: US12514G1085

75 Tri-State International Lincolnshire, IL 60069, **USA**

Internet https://www.cdw.com/

Unternehmen

CDW CORP. ist ein führender Anbieter von Hardware- und Softwareprodukten für IT-Lösungen in den Bereichen Mobilität, Sicherheit, Rechenzentrumsoptimierung, Cloud Computing und Virtualisierung für Unternehmen, Behörden, Bildung und Gesundheitswesen.

In den vergangenen neun Jahren hat CDW im Mittel **32% p.a.** gewonnen, und 16% in den letzten 12 Monate.

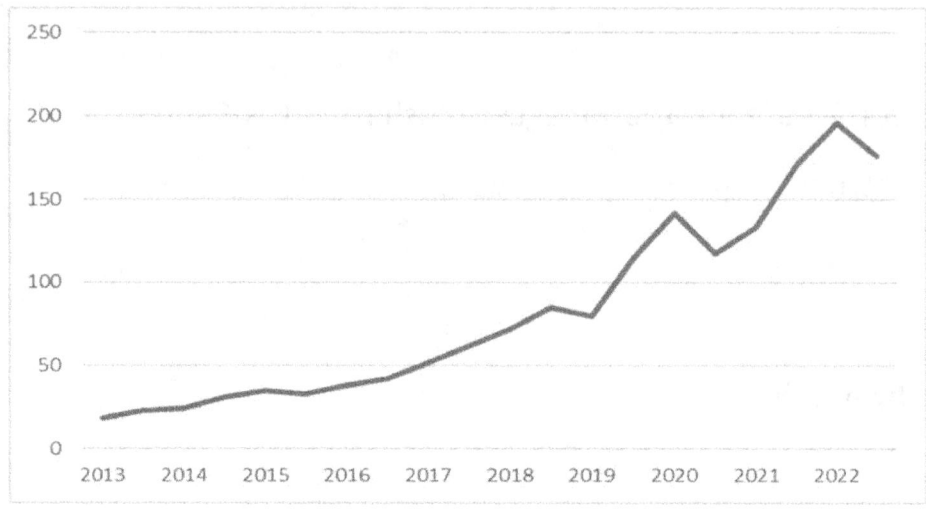

29. CINTAS CORP.

WKN: 880205 ISIN: US1729081059

Cintas Boulevard 6800 45262-5737 Cincinnati, OH, **USA**

Internet http://www.cintas.com

Unternehmen

CINTAS CORP. ist ein US-amerikanisches Textilunternehmen, das professionelle Uniformen für alle Arten von Unternehmen in allen Branchen entwirft und herstellt, die auf Wunsch an die Corporate Identity angepasst werden, und sie an Unternehmen unterschiedlicher Größe und in einer Vielzahl von Branchen vermietet oder verkauft. Die Produkte des Unternehmens werden in Nord- und Lateinamerika sowie in Asien und Europa vertrieben. Das Unternehmen betreibt mehr als 390 Einrichtungen in den USA und Kanada, darunter vier Produktions- und acht Vertriebszentren. Darüber hinaus umfasst die Produktpalette des Unternehmens auch Erste-Hilfe-Kästen, Sicherheits- und Brandschutzprodukte sowie Dokumentendienste.

In den vergangenen zehn Jahren hat CINTAS im Mittel **28% p.a.** gewonnen, und 41% in den letzten 12 Monate.

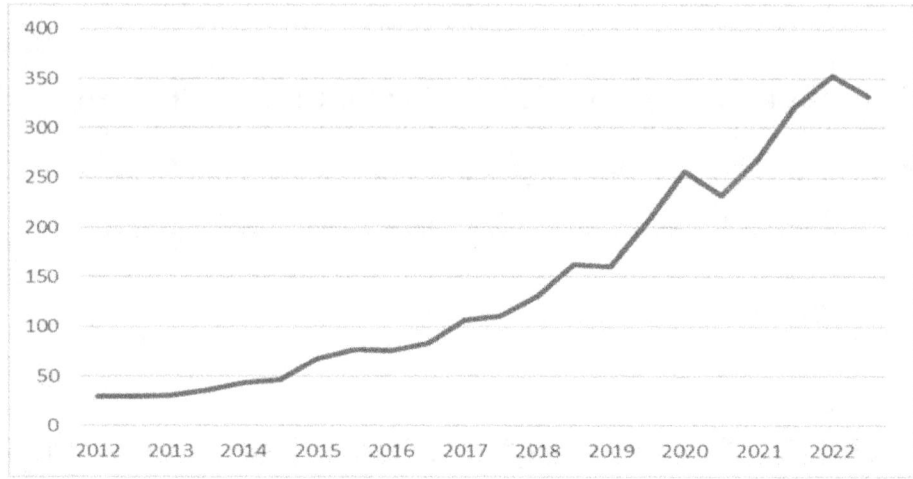

30. COMFORT SYSTEMS USA INC.

WKN: 907784 ISIN: US1999081045

675 Bering Dr. Suite 400 Houston, TX 77057, **USA**

Internet   https://comfortsystemsusa.com

Unternehmen

COMFORT SYSTEMS USA INC. ist ein führender Bau- und Dienstleistungsanbieter für mechanische, elektrische und sanitäre Gebäudesysteme. COMFORT SYSTEMS USA INC. verfügt über Fachwissen in den Bereichen mechanische und elektrische Dienstleistungen, Prozessrohrleitungen, modulare Bauweise, Steuerungen, Energieeffizienz und zahllose andere Renovierungs- und Serviceanforderungen für Nichtwohngebäude.

In den letzten zehn Jahren hat COMFORT SYSTEMS USA durchschnittlich **24% p.a.** zugelegt, und 94% in den letzten 12 Monate.

COMFORT SYSTEMS USA INC. Aktie Chart (2012 – 2022) in Euro

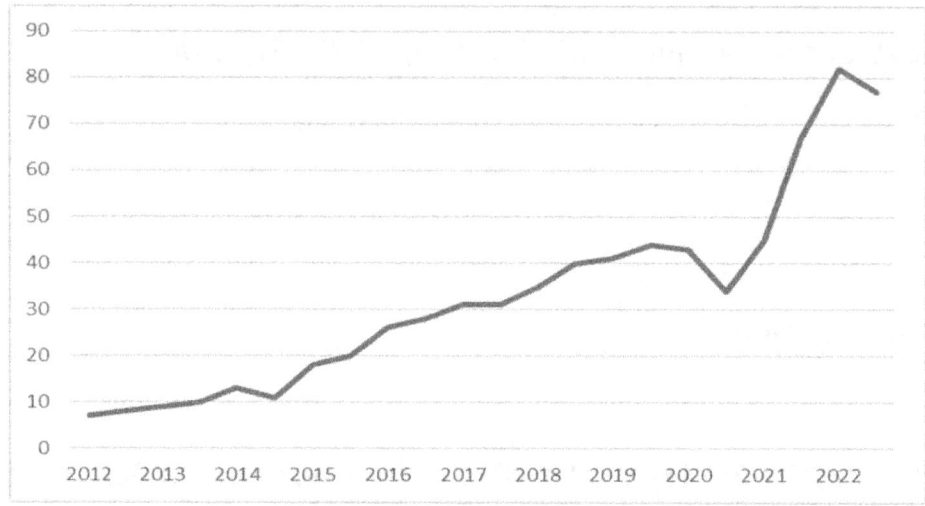

31. CONSTELLATION SOFTWARE INC.

WKN: A0JM27 ISIN: CA21037X1006

Adelaide Street East 20, Suite 1200 M5C 2T6 Tornto, Ontario, **KANADA**

Internet http://www.csisoftware.com

Unternehmen

CONSTELLATION SOFTWARE INC. bietet marktführende Software und Dienstleistungen für verschiedene Branchen im öffentlichen und privaten Sektor. Das Unternehmen entwickelt branchenspezifische Software, die auf die individuellen Bedürfnisse der Kunden zugeschnitten ist und spezifische, unternehmenskritische Lösungen bietet. CONSTELLATION SOFTWARE INC. betreut mehr als 85.000 Kunden in über 100 Ländern.

In den letzten zehn Jahren hat CONSTELLATION SOFTWARE durchschnittlich **34% p.a.** zugelegt, und 55% in den letzten 12 Monate.

CONSTELLATION SOFTWARE INC. Aktie Chart (2016– 2022) in Euro

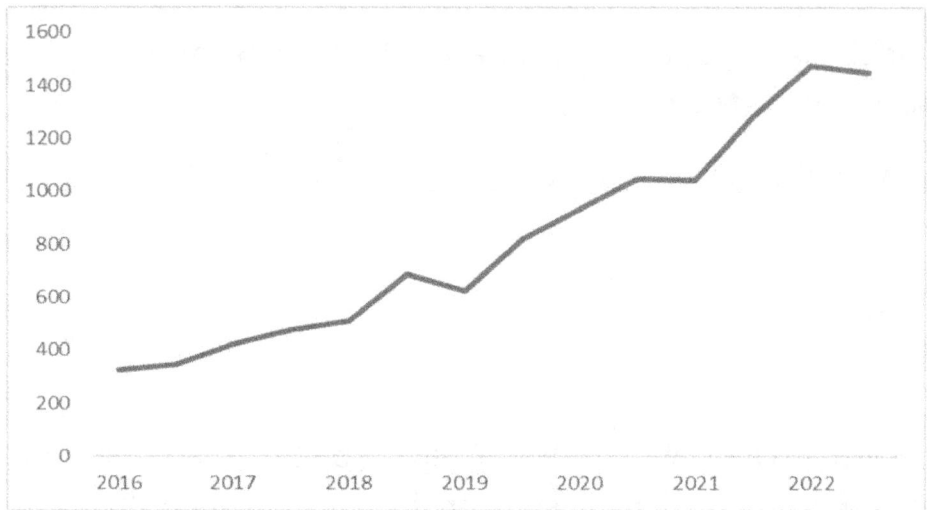

32. CORVEL CORP.

WKN: 221006109 ISIN: US2210061097

2010 Main Street Suite 600 Irvine, CA 92614, **USA**

Internet https://www.corvel.com

Unternehmen

CORVEL CORP. ist ein Anbieter von Risikomanagementlösungen für die Branchen Arbeiterunfallversicherung, Kfz-Versicherung, Krankenversicherung und Invaliditätsmanagement. CORVEL CORP. bietet seinen Kunden die Informationen und Einblicke, die sie benötigen, um Entscheidungen in diesen Bereichen zu treffen.

In den vergangenen zehn Jahren hat CORVEL im Mittel **24% p.a.** gewonnen, und 39% in den letzten 12 Monate.

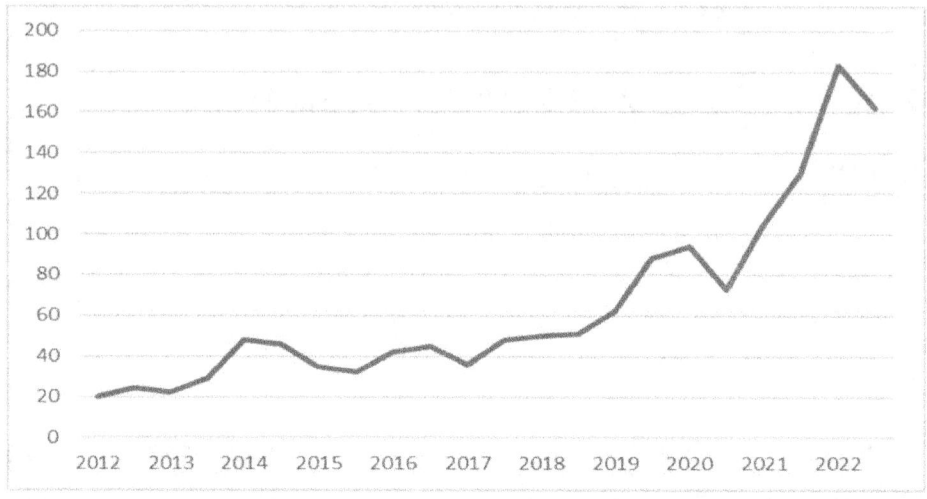

CORVEL CORP. Aktie Chart (2012 – 2022) in US-Dollar

33. COSTCO WHOLESALE CORP.

WKN: 22160K105 ISIN: US22160K1051

Lake Drive 999 98027 Issaquah, WA, **USA**

Internet http://www.costco.com

Unternehmen

COSTCO WHOLESALE CORP. betreibt mehr als 600 unabhängig geführte Selbstbedienungskaufhäuser in den USA, Großbritannien, Japan, Mexiko, Taiwan, Korea, Australien und Kanada und beliefert kleine Geschäfte oder Unternehmen mit Sonderangeboten für begrenzte und ausgewählte Markenprodukte. Die Produktpalette reicht von Lebensmitteln und Kosmetika über Computer, Elektro- und Haushaltsgeräte bis hin zu Möbeln, Kleidung, Schmuck und Tiernahrung.

In den vergangenen zehn Jahren hat COSTCO WHOLESALE im Mittel **20% p.a.** gewonnen, und 43% in den letzten 12 Monate.

COSTCO WHOLESALE CORP. Aktie Chart (2012 – 2022) in US-Dollar

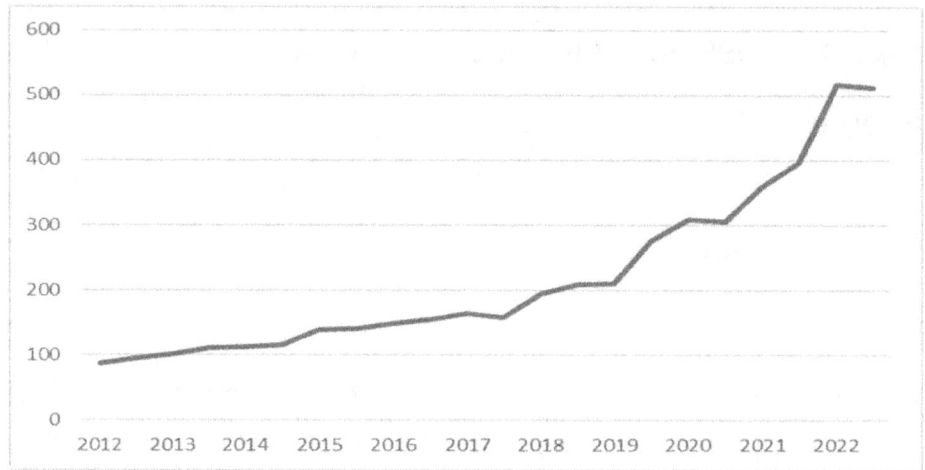

34. D.R. HORTON INC.

WKN: 884312 ISIN: US23331A1097

Horton Circle 1341 76011 Arlington, TX, **USA**

Internet   http://www.drhorton.com

Unternehmen

D.R. HORTON INC. ist ein US-amerikanisches Wohnungsbauunternehmen. Die Geschäftstätigkeit umfasst den Bau von Häusern, Finanzdienstleistungen, Leasing und andere Aktivitäten. Das Unternehmen bietet auch Finanzdienstleistungen wie Hypothekenfinanzierung und Eigentumsübertragung für Hauskäufer an und vermietet Mehr- und Einfamilienhäuser. Darüber hinaus erbringt das Unternehmen Eigentumsdienstleistungen und erwirbt andere Wohnungsbaugesellschaften.

In den vergangenen zehn Jahren hat D.R. HORTON im Mittel **18% p.a.** gewonnen, und 59% in den letzten 12 Monate.

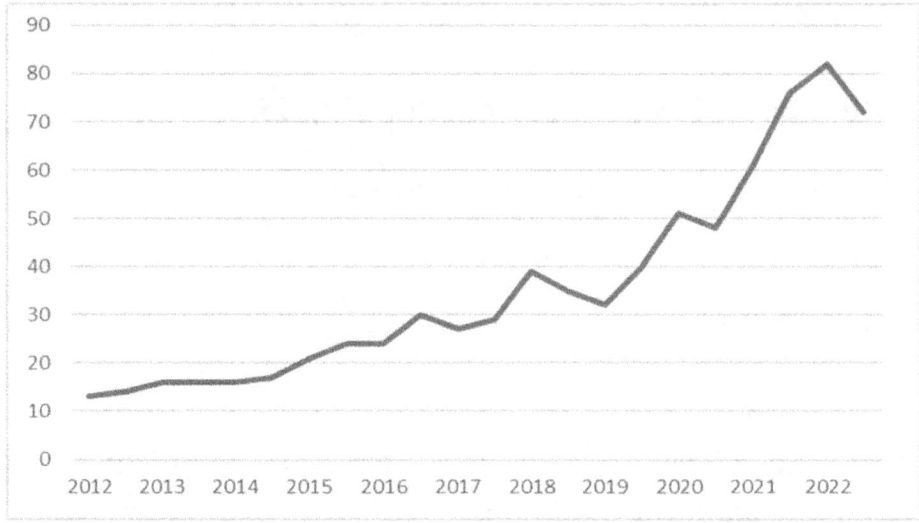

35. ENTEGRIS INC.

WKN: 938201 ISIN: US29362U1043

129 Concord Road, Billerica, MA 01821 **USA**

Internet https://www.entegris.com

Unternehmen

ENTEGRIS INC. ist ein amerikanischer Anbieter von Produkten und Systemen, die kritische Materialien reinigen, schützen und transportieren, die im Herstellungsprozess von Halbleiterbauelementen verwendet werden. Das Unternehmen hilft Herstellern, ihre Erträge zu steigern, indem es die Kontaminationskontrolle in verschiedenen Schlüsselprozessen verbessert, darunter Fotolithografie, Nassätzen und Reinigen, chemisch-mechanische Planarisierung, Dünnfilmabscheidung, chemische Massenverarbeitung, Handhabung und Versand von Wafern und Retikeln sowie Prüfung, Montage und Verpackung.

In den vergangenen zehn Jahren hat ENTEGRIS im Mittel **33% p.a.** gewonnen, und 60% in den letzten 12 Monate.

ENTEGRIS INC. Aktie Chart (2012 – 2022) in Euro

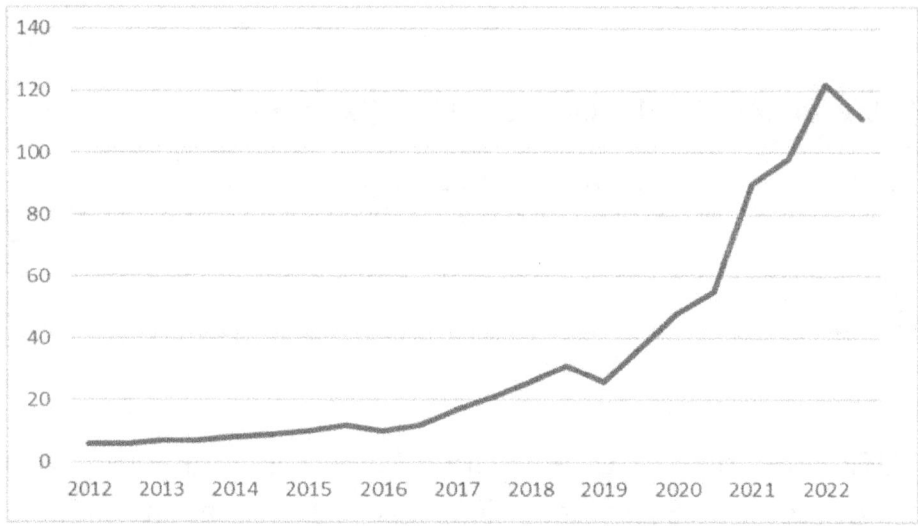

36. HYPOPORT SE

WKN: 549336 **ISIN:** DE0005493365

Heidestraße 8 10557 Berlin, **DEUTSCHLAND**

INTERNET https://www.hypoport.com

Unternehmen

Die HYPOPORT SE ist ein internetbasierter Finanzdienstleister. Die HYPOPORT SE besteht aus einem Netzwerk von Technologieunternehmen für die Kredit-, Immobilien- und Versicherungswirtschaft. Die Gruppe vertreibt Finanzprodukte über die Dr. Klein & Co. AG und vermittelt Finanzprodukte über eine Transaktionsplattform im Internet.

In den letzten zehn Jahren hat HYPOPORT im Durchschnitt **33% pro Jahr** zugelegt, und **40%** in den letzten 12 Monate.

AKTIENCHART DER HYPOPORT SE (2013 - 2023) IN EURO

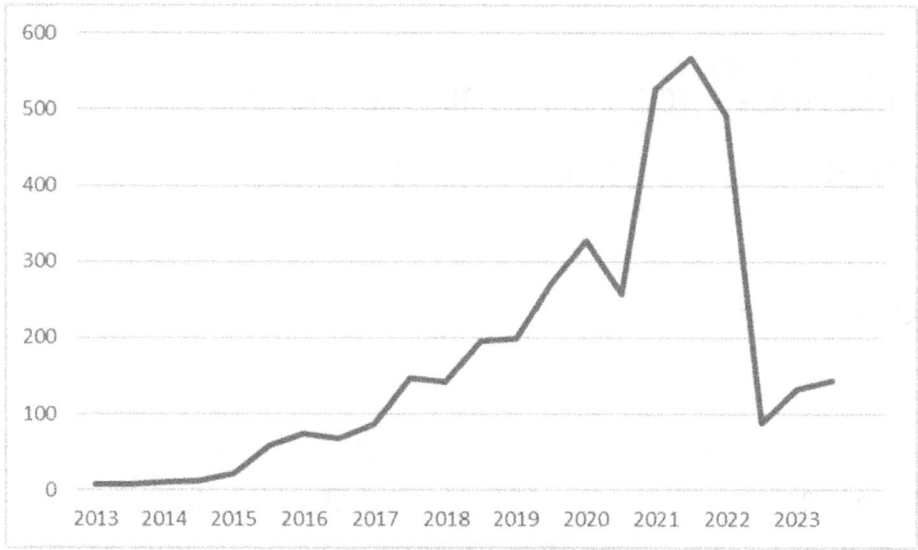

37. INTER PARFUMS INC.

WKN: 883617 **ISIN:** US4583341098

551 Fifth Avenue, New York, New York 10176, **USA**

INTERNET https://www.interparfumsinc.com

Unternehmen

INTER PARFUMS INC. produziert, vermarktet und vertreibt hochwertige Parfüms und Kosmetika für die Lizenznehmer Burberry, Van Cleef & Arpels, Jimmy Choo, Paul Smith, Montblanc, S.T. Dupont und Boucheron. Das Unternehmen ist in Europa und in den Vereinigten Staaten tätig. Die Produkte von INTER PARFUMS INC. werden weltweit in über 100 Ländern verkauft.

In den letzten zehn Jahren hat INTER PARFUMS im Durchschnitt **24% pro Jahr** zugelegt, und 40% in den letzten 12 Monate.

AKTIENCHART DER INTER PARFUMS INC. (2013 - 2023) IN EURO

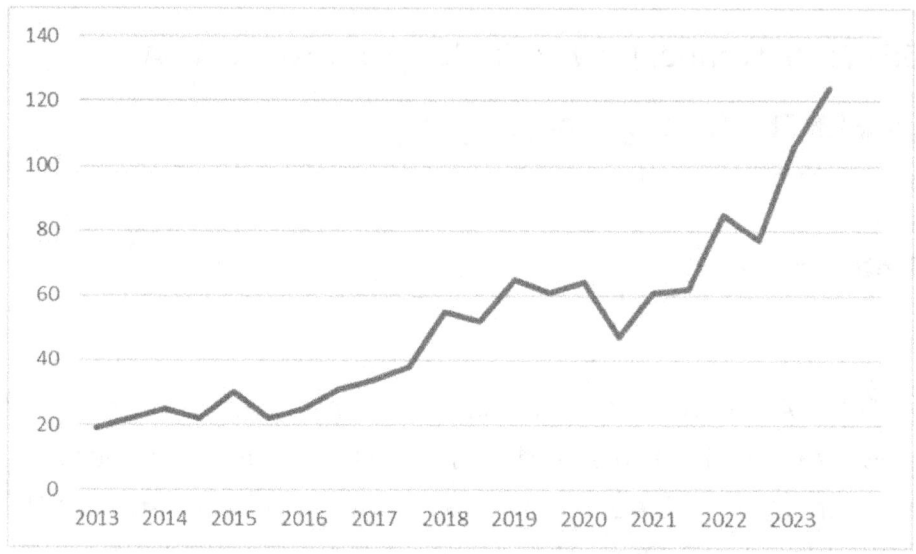

38. KADANT INC.

WKN: 884567 ISIN: US48282T1043

One Technology Park Drive, Westford, MA 01886, **USA**

Internet   https://kadant.com

Unternehmen

KADANT INC. ist ein führender Lieferant für die weltweite Zellstoff- und Papierindustrie. Die Gruppe bietet verschiedene Produkte und Dienstleistungen zur Steigerung der Effizienz und Qualität der Zellstoff- und Papierproduktion an. Das Portfolio umfasst Papiermaschinenzubehör und Systeme für Stoffaufbereitung, Liquid Handling und Wassermanagement. Die Produkte von KADANT INC. werden in der Stahl-, Gummi-, Kunststoff-, Lebensmittel- und Textilindustrie eingesetzt. Die Produkte und Dienstleistungen des Unternehmens spielen eine wesentliche Rolle bei der Steigerung der Effizienz, der Optimierung des Energieeinsatzes und der Maximierung der Produktivität in der Prozessindustrie. Gleichzeitig unterstützt das Unternehmen seine Kunden dabei, ihre Nachhaltigkeitsinitiativen mit Produkten voranzutreiben, die Abfälle reduzieren oder mehr Output mit weniger Input erzeugen, insbesondere Fasern, Energie und Wasser.

In den vergangenen zehn Jahren hat KADANT im Mittel **25% p.a.** gewonnen, und 50% in den letzten 12 Monate.

KADANT INC. Aktie Chart (2012 – 2022) in Euro

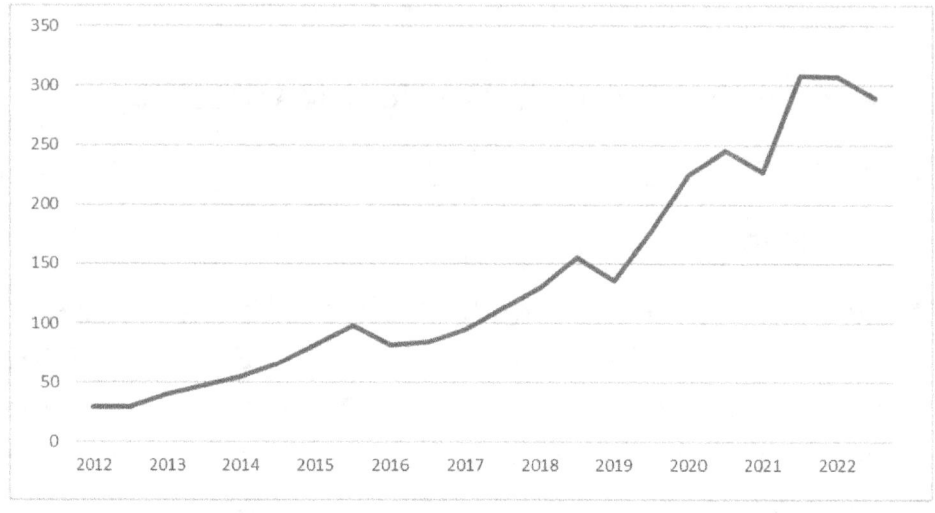

39 KLA-TENCOR CORP.

WKN: 865884 ISIN: US4824801009

Technology Drive 1 95035 Milpitas, CA, **USA**

Internet   http://www.kla-tencor.com

Unternehmen

KLA-TENCOR CORP. ist das weltweit führende Unternehmen für Prozesskontrolle und Yield Management für die Halbleiterindustrie und verwandte mikroelektronische Branchen. Die Gruppe bietet ein umfassendes Produktportfolio, das die gesamte Produktionskette von der Forschung bis zum Endprodukt abdeckt. Zu den Produktbereichen des Unternehmens gehören die Chipfertigung, die Waferfertigung, die Reticle-Fertigung, die Herstellung von Datenspeichermedien und -köpfen, die Solarfertigung, die Herstellung von LEDs mit hoher Helligkeit, die Herstellung von Verbindungshalbleitern, die MEMS-Fertigung, allgemeine Anwendungen, Labore und zertifizierte Gebrauchtgeräte. Das Portfolio wurde entwickelt, um Herstellern von integrierten Schaltkreisen zu helfen, ihre Erträge während des gesamten Waferherstellungsprozesses zu verwalten, von der F&E-Gewinnanalyse bis zur Massenproduktion.

In den vergangenen zehn Jahren hat KLA-TENCOR im Mittel **26% p.a.** gewonnen, und 68% in den letzten 12 Monate.

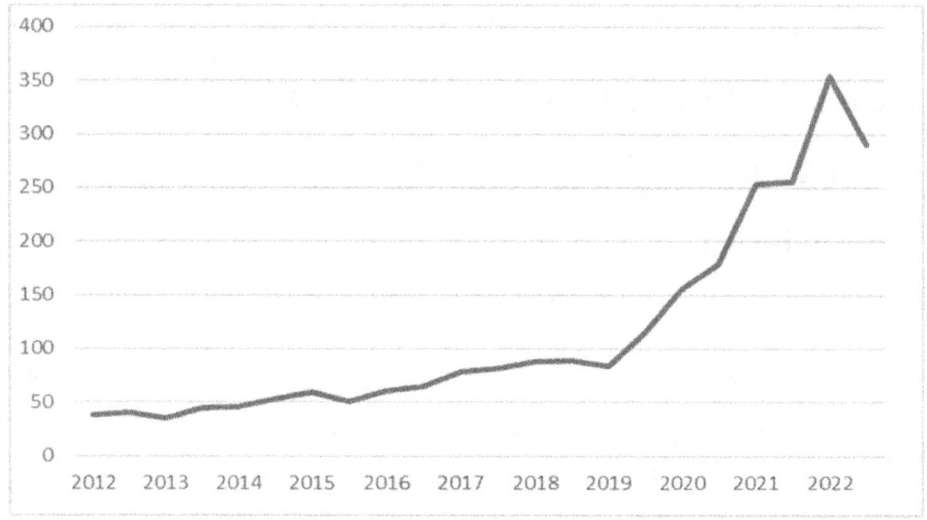

40.   LAM RESEARCH CORP.

WKN: 869686 ISIN: US5128071082

Cushing Parkway 4650 94538-6401 Fremont, CA, **USA**

Internet   http://www.lamresearch.com

Unternehmen

LAM RESEARCH CORP. ist ein führender Anbieter von Waferanlagen und ergänzenden Dienstleistungen für die Halbleiterindustrie und ein technologischer Vorreiter im Bereich der Ätztechnologie. In Zusammenarbeit mit verschiedenen Tochter- und Beteiligungsgesellschaften ist das Unternehmen an Produktionsstandorten in Nordamerika, Europa und Asien tätig. Darüber hinaus hat das Unternehmen Tochtergesellschaften in Österreich, China, Japan, den Niederlanden, der Schweiz und Großbritannien.

In den letzten zehn Jahren hat LAM RESEARCH durchschnittlich **33% p.a.** zugelegt, und 84% in den letzten 12 Monate.

LAM RESEARCH CORP. Aktie Chart (2012 – 2022) in Euro

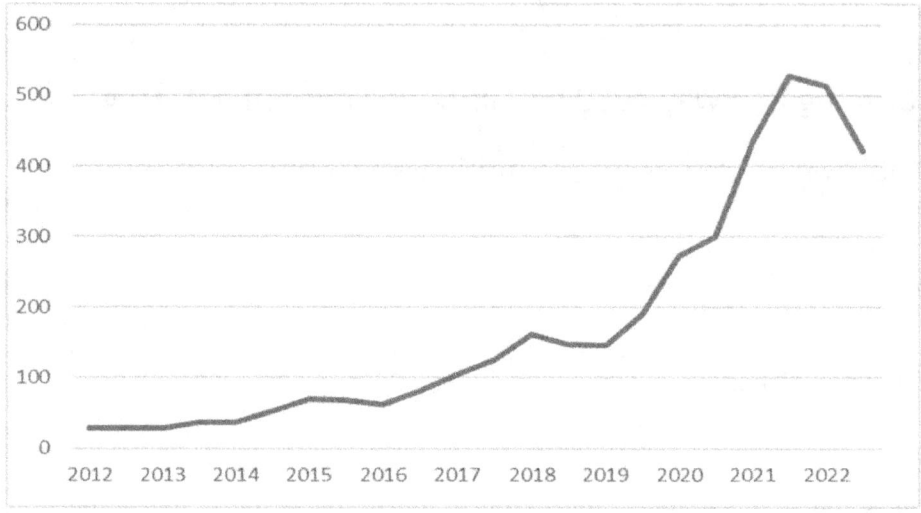

41. LVMH MOET HENNESSY LOUIS VUITTON SE

WKN: 853292 **ISIN:** FR0000121014

Avenue Montaigne 22 75008 Paris, **FRANKREICH**

INTERNET   https://www.lvmh.com

Unternehmen

LVMH SE ist ein globaler Hersteller und Vertreiber von Luxusgütern. Das Unternehmen ist heute weltweit mit eigenen Geschäften in fünf Bereichen des Luxusmarktes tätig: Wein & Spirituosen, Mode & Lederwaren, Parfüm & Kosmetik sowie Uhren & Schmuck.

In den letzten zehn Jahren hat LVMH im Durchschnitt **22% pro Jahr** zugelegt, und **9%** in den letzten 12 Monate.

AKTIENCHART DER LVMH MOET HENNESSY LOUIS VUITTON SE (2013 - 2023) IN EURO

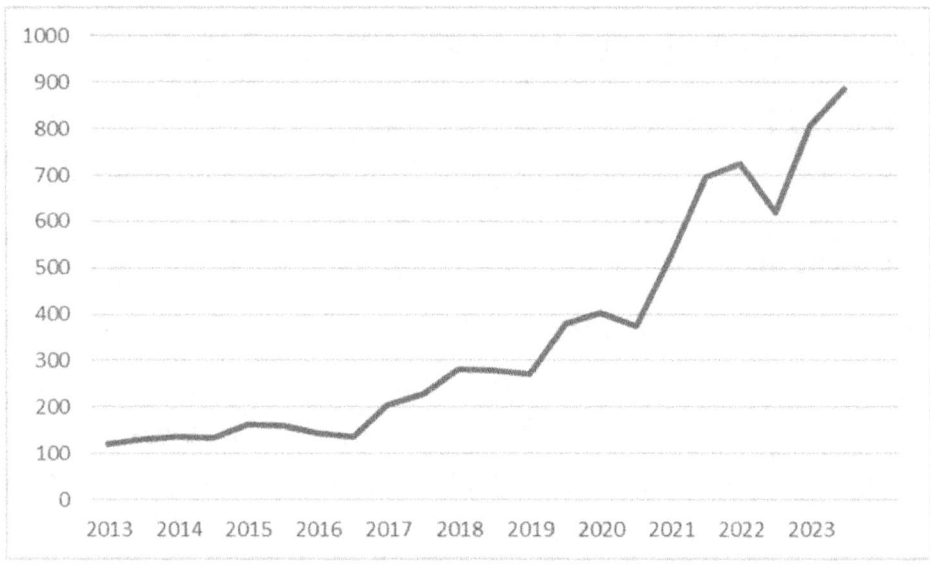

42. MASCO CORP.

WKN: 856632 ISIN: US5745991068

College Parkway 17450 48152 Livonia, MI, **USA**

Internet   http://www.masco.com

Unternehmen

MASCO CORP. produziert, vertreibt und installiert Heimwerker- und Bauprodukte. Das Unternehmen stellt eine Reihe von Heimwerker- und Bauprodukten her, darunter Wasserhähne, Schränke, Anstriche und Fenster. Darüber hinaus bietet das Unternehmen Dienstleistungen wie die Installation von Isolierungen und anderen Materialien an.

In den vergangenen zehn Jahren hat MASCO im Mittel **18% p.a.** gewonnen, und 37% in den letzten 12 Monate.

MASCO CORP. Aktie Chart (2012 – 2022) in Euro

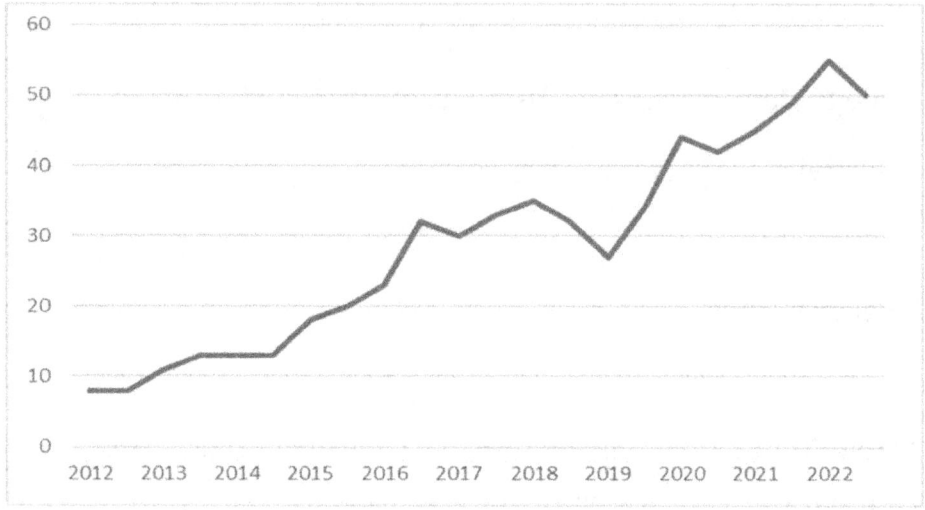

43. MICROSOFT CORP.

WKN: 870747 ISIN: US5949181045

Microsoft Way 1 98052-6399 Redmond, WA, **USA**

Internet http://www.microsoft.com

INTERNET https://wm.com

Unternehmen

MICROSOFT CORP. ist ein weltweit führender Hersteller von PC-Software. Das Unternehmen bietet eine breite Palette von Softwareprodukten und Dienstleistungen für verschiedene Endgeräte an. Die Produktpalette reicht von Windows-Betriebssystemen für PCs, mobile Geräte und Netzwerke über Serversoftware für Client-Server-Umgebungen, Anwendungsprogramme und Desktop-Applikationen für Unternehmen sowie Privatanwender und Multimedia-Anwendungen bis hin zu Internet-Plattformen und Entwickler-Tools. Neben den Online-Diensten Bing und MSN Portals gehören auch Skype sowie Produkte und Dienstleistungen rund um die Spielekonsole Xbox zum Portfolio. Im Jahr 2016 wurde die LinkedIn Corporation übernommen. Die Gruppe ist weltweit in mehr als 100 Ländern vertreten.

In den letzten zehn Jahren hat MICROSOFT durchschnittlich **28 % p.a.** zugelegt, und 56% in den letzten 12 Monate.

MICROSOFT CORP. Aktie Chart (2012 – 2022) in Euro

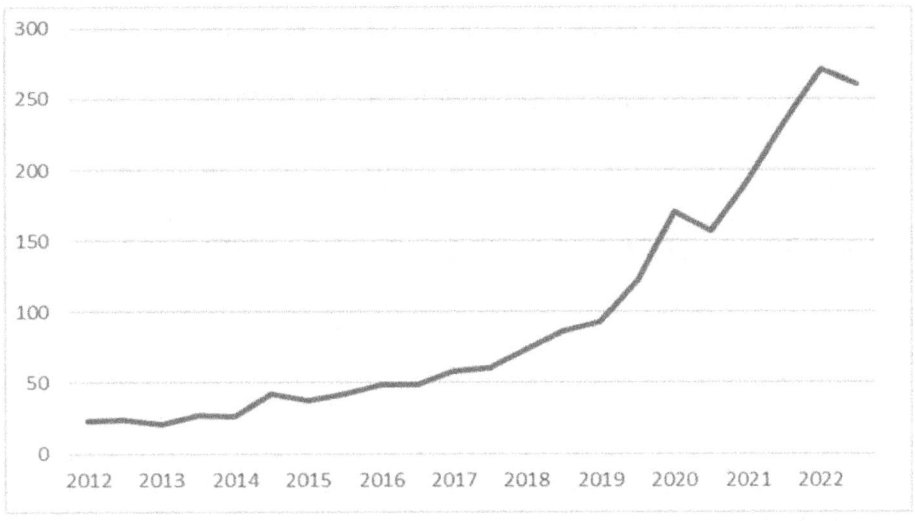

44. MONCLER S.P.A.

WKN: A1W66W **ISIN**: IT0004965148

Via Enrico Stendhal, 47 20144 Milano, **ITALIEN**

INTERNET https://www.monclergroup.com/

Unternehmen

MONCLER S.P.A. produziert und vertreibt Herren-, Damen- und Kinderbekleidung sowie entsprechende Accessoires unter dem Markennamen Moncler. Das Unternehmen vertreibt seine Kollektionen über 180 eigene Boutiquen sowie über exklusive Kaufhäuser und internationale Modefachgeschäfte.

In den letzten zehn Jahren hat MONCLER im Durchschnitt **18% pro Jahr** zugelegt, und 11% in den letzten 12 Monate.

AKTIENCHART DER MONCLER S.P.A. (2014 - 2023) IN EURO

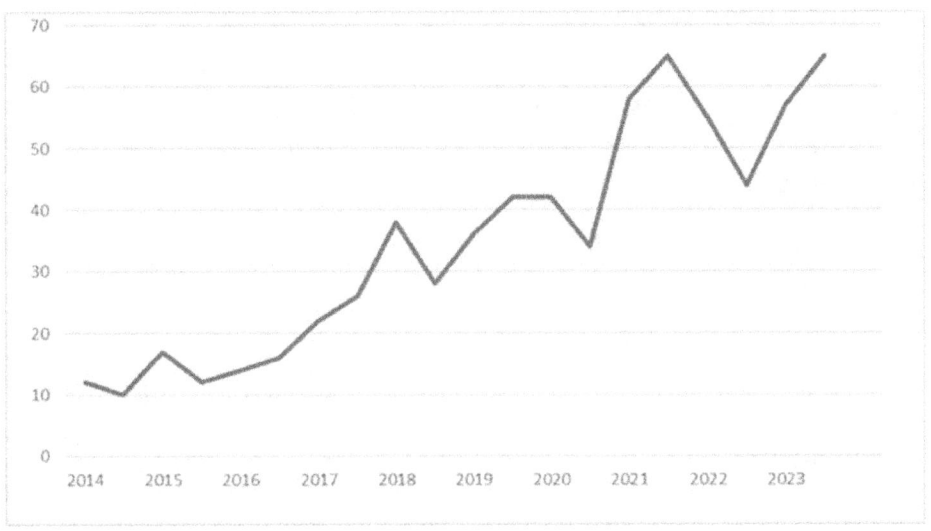

45. MONOLITHIC POWER SYSTEMS INC.

WKN: A0DLC4 ISIN: US6098391054

5808 Lake Washington Blvd., WA 98033, **USA**

Internet   https://www.monolithicpower.com

Unternehmen

MONOLITHIC POWER SYSTEMS INC. bietet integrierte Schaltungen für Systeme an, die in den Bereichen Cloud Computing, Telekommunikationsinfrastruktur, Automobil-, Industrie- und Verbraucheranwendungen eingesetzt werden. Die Produkte werden über Drittanbieter, Wiederverkäufer und direkt an Erstausrüster, Hersteller von Originaldesigns und Elektronikproduktionsdienstleister in China, Taiwan, Europa, Korea, Südostasien, Japan und den Vereinigten Staaten verkauft.

In den vergangenen zehn Jahren hat MONOLITHIC POWER SYSTEMS im Mittel **39% p.a.** gewonnen, und 44% in den letzten 12 Monate.

MONOLITHIC POWER SYSTEMS INC. Aktie Chart (2012 – 2022) in Euro

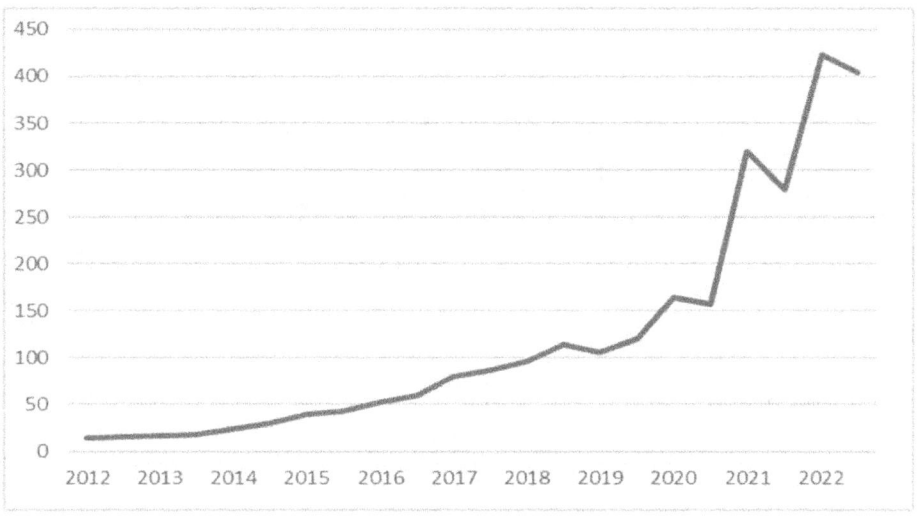

46. NETFLIX INC.

WKN: 552484 **ISIN:** US64110L1061

Winchester Circle 100 95032 Los Gatos, CA, **USA**

INTERNET https://ir.netflix.net

Unternehmen

NETFLIX INC. bietet Unterhaltungsdienste an und ist mit seinem Portfolio an TV-Serien und Filmen einer der weltweit führenden Anbieter in diesem Bereich. Das Unternehmen hat rund 231 Millionen zahlende Mitglieder in 190 Ländern. Die Lizenzen für die verfügbaren Formate werden von Produktions- und Vertriebsfirmen erworben und den Kunden zur Verfügung gestellt. Viele der angebotenen Formate produziert Netflix auch selbst.

In den letzten zehn Jahren hat NETFLIX im Durchschnitt **25% pro Jahr** zugelegt, und 80% in den letzten 12 Monate.

AKTIENCHART DER NETFLIX INC. (2013 - 2023) IN EURO

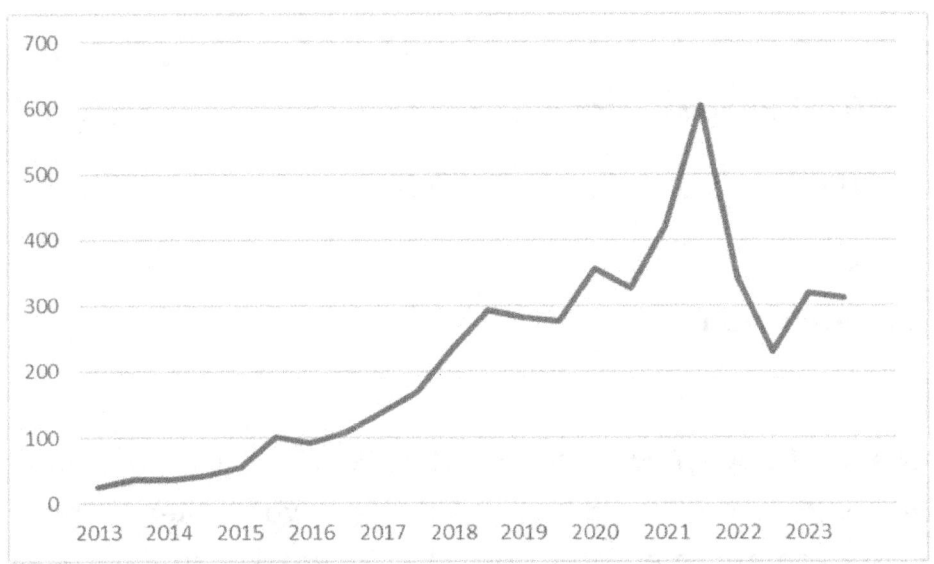

47. NOVA MEASURING INSTRUMENTS LTD.

WKN: 937092 ISIN: IL0010845571

7610201 Rehovot, **Israel**

Internet   http://www.nova.co.il

Unternehmen

NOVA MEASURING INSTRUMENTS LTD. ist führender Innovator und wichtiger Anbieter von Messtechnik-Lösungen für die fortschrittliche Prozesskontrolle in der Halbleiterfertigung. Das Unternehmen bittet High-Performance Messtechnik-Produkten kombiniert mit hochpräziser Hardware und Software, um ein Spitzen-Portfolio von Lösungen für die Halbleiterindustrie zu liefern. Nova ist weltweit über Büros in Israel, Taiwan, Korea, Singapur, China, USA, Japan und Europa vertreten.

In den vergangenen zehn Jahren hat NOVA MEASURING INSTRUMENTS im Mittel **32% p.a.** gewonnen, und 78% in den letzten 12 Monate.

AKTIENCHART DER WSP GLOBAL INC (2014- 2023) IN EURO

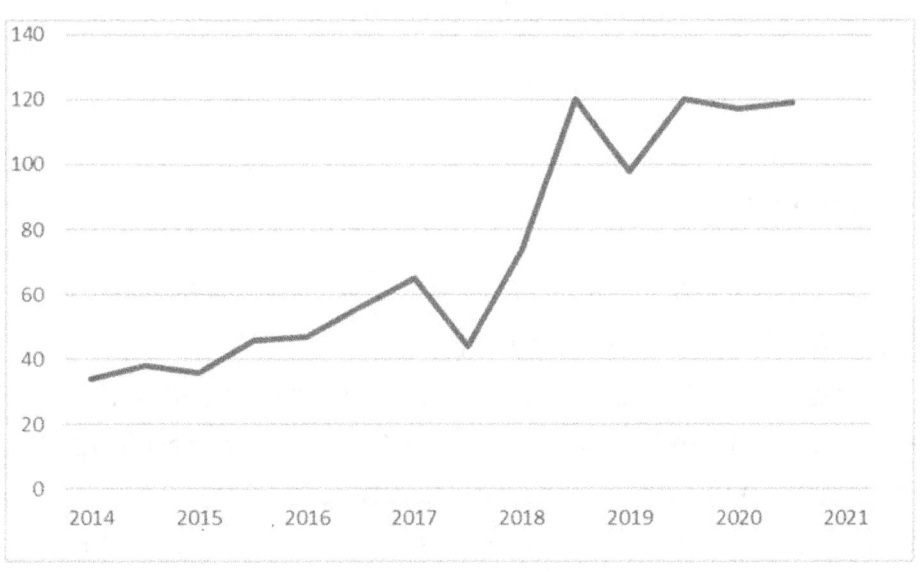

48. NVIDIA CORP.

WKN: 918422 ISIN: US67066G1040

San Tomas Expressway 2788 95051 Santa Clara, CA, **USA**

Internet http://www.nvidia.com

Unternehmen

NVIDIA CORP. ist ein multinationales Technologieunternehmen und führender Hersteller von IT-Hardware. Hauptkunden sind Kunden aus den Bereichen Spiele, mobile Computer und Automobile. Das Unternehmen entwirft, entwickelt und vermarktet Grafik- und Medienkommunikationsprozessoren und ähnliche Software für PCs, Workstations und digitale Entertainmentplattformen und stellt eine Vielzahl von 3D-Graphikprozessoren her wie auch Graphikprozesseinheiten (GPUs), die bei Desktop-PCs, Smartphones, Tablets und Laptops eingesetzt werden. NVIDIA CORP. vertreibt ihre Produkte weltweit.

In den vergangenen zehn Jahren hat NVIDIA im Mittel **58% p.a.** gewonnen, und **222%** in den letzten 12 Monate.

NVIDIA CORP. Aktie Chart (2012 – 2022) in Euro

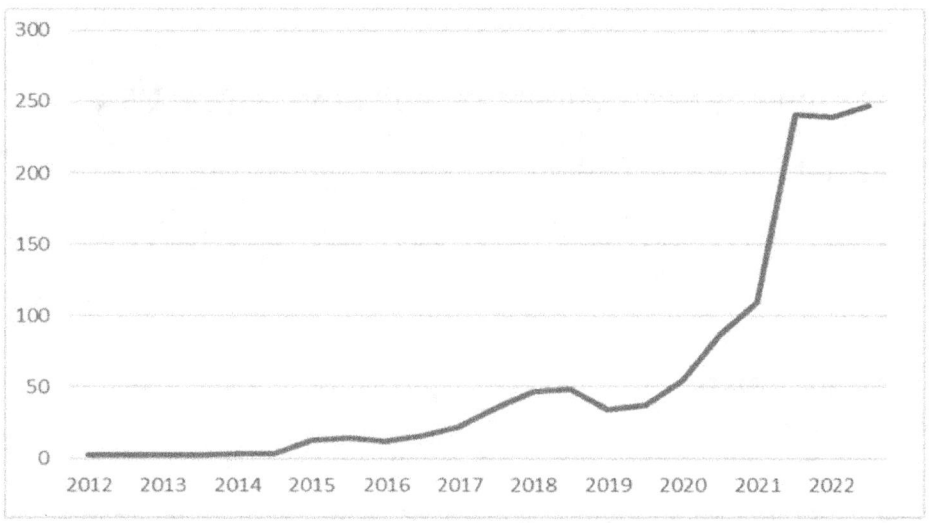

49. PALO ALTO NETWORKS INC.

WKN: A1JZ0Q ISIN: US6974351057

3000 Tannery Way Santa Clara, California 95054, **USA**

Internet   http://www.paloaltonetworks.com

Unternehmen

Die PALO ALTO NETWORKS INC. ist ein Anbieter von Cybersicherheitslösungen. Die Plattform des Unternehmens ist vornehmlich auf Firmenkunden spezialisiert und vereint die Bereiche Sicherheit, Automatisierung und Analyse. Die Dienste des Unternehmens finden Anwendung bei Clouds, Netzwerken und Mobilgeräten.

In den vergangenen zehn Jahren hat PALO ALTO NETWORKS im Mittel **28% p.a.** gewonnen, und **44%** in den letzten 12 Monate.

PALO ALTO NETWORKS INC. Aktie Chart (2012 – 2022) in Euro

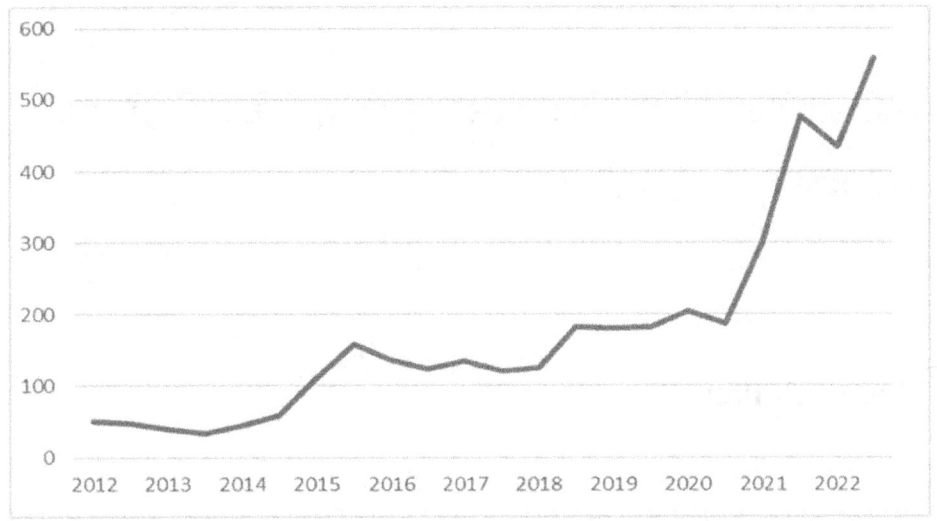

50. 3U HOLDING AG

WKN: 516790 **ISIN:** DE0005167902

Frauenbergstraße 31-33 35039 Marburg, **DEUTSCHLAND**

INTERNET https://www.3u.net

Unternehmen

Die 3U HOLDING AG ist eine Beteiligungsgesellschaft. Unter dem Dach der Management- und Beteiligungsholding sind drei Segmente vereint: ICT (Informations- und Telekommunikationstechnik), Erneuerbare Energien und SHK (Sanitär-, Heizungs- und Klimatechnik).

In den letzten zehn Jahren hat 3U HOLDING im Durchschnitt **29% pro Jahr** zugelegt.

AKTIENCHART DER 3U HOLDING AG (2013- 2023) IN EURO

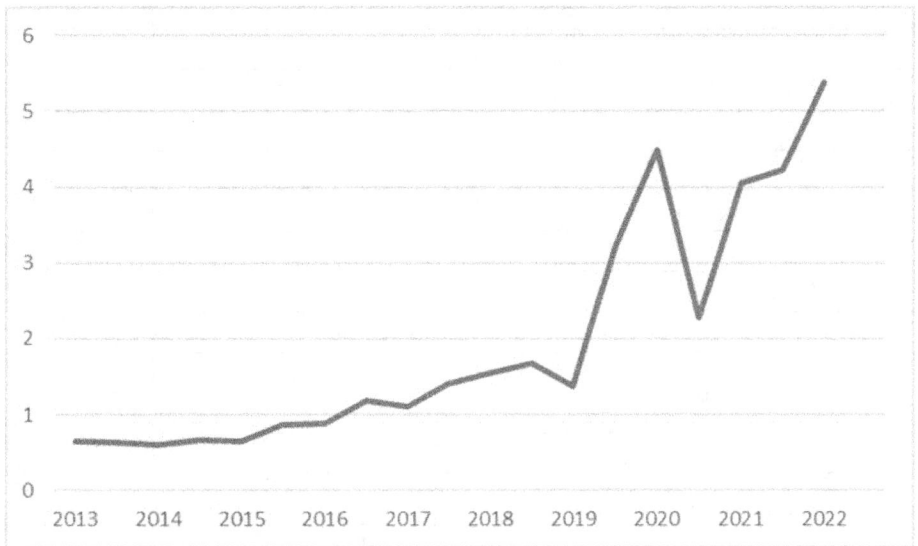

Unternehmen	ISIN	Homepage	DKSJ*	KS12**
ACCENTURE PLC	IE00B4BNMY34	http://www.accenture.com	+23%	+34%

*DKSJ : Durchschnittliche Kursteigerung pro Jahr der letzten 10 Jahre

**KS12 : Kursteigerung der letzten 12 Monate

www.ingramcontent.com/pod-product-compliance
Lightning Source LLC
Chambersburg PA
CBHW071939210526
45479CB00002B/745